あなたの願いを叶える

最強の守護神

聖《しょう》天《でん》さま

羽田守快

大法輪閣

聖天《しょうでん》さまは十一面観音《じゅういちめんかんのん》の化身であると同時に
大日如来《だいにちにょらい》の〝最後の方便身《ほうべんしん》〟とも
いわれています

密教の最高仏・大日如来が
もっとも救いがたい人々を救うため
あらわした姿が聖天さまであるというのです

大日如来とは宇宙そのものであり
すべての生きものを生かす
〝慈悲《じひ》〟そのものです

その宇宙が生み出した
〝慈悲のかたまり〟というべき
最強の守護神が聖天さまなのです

聖天《しょうでん》さまの「お姿」について

——本書のスタンス——

聖天さまは、象頭人身（頭部はゾウで、お身体は人間）で、しかも男天《なんてん》（男の神さま）と女天《にょてん》（女の神さま）のご夫婦が抱きしめあい一体となっている、「双身《そうじん》」とよばれるお姿であらわされます。

そして聖天さまのこの「双身」のお姿は、人の目にふれぬよう秘密にすべきであると密教経典に記されており、古来、聖天さまをお祀《まつ》りしている諸寺院におきましても、聖天さまのお像は必ず厨子《ずし》に入れられ、見えないようにするしきたりとなっています。

本書も、古来のしきたりにのっとり、聖天さまの「双身」のお姿の写真や絵などは、掲載いたしません。ご理解いただけたら幸いです。

その代わり、聖天さまを象徴する梵字《ぼんじ》（種字《しゅじ》）である（ギャクギャク）、聖天さまの本地仏《ほんじぶつ》（実体である仏さま）である十一面観音や大日如来、聖天さまのルーツとなったインドのガネーシャ神などの写真や絵は、掲載いたします。

目次

●装幀……山本 太郎

第一章

聖《しょう》天《でん》さまを知るために

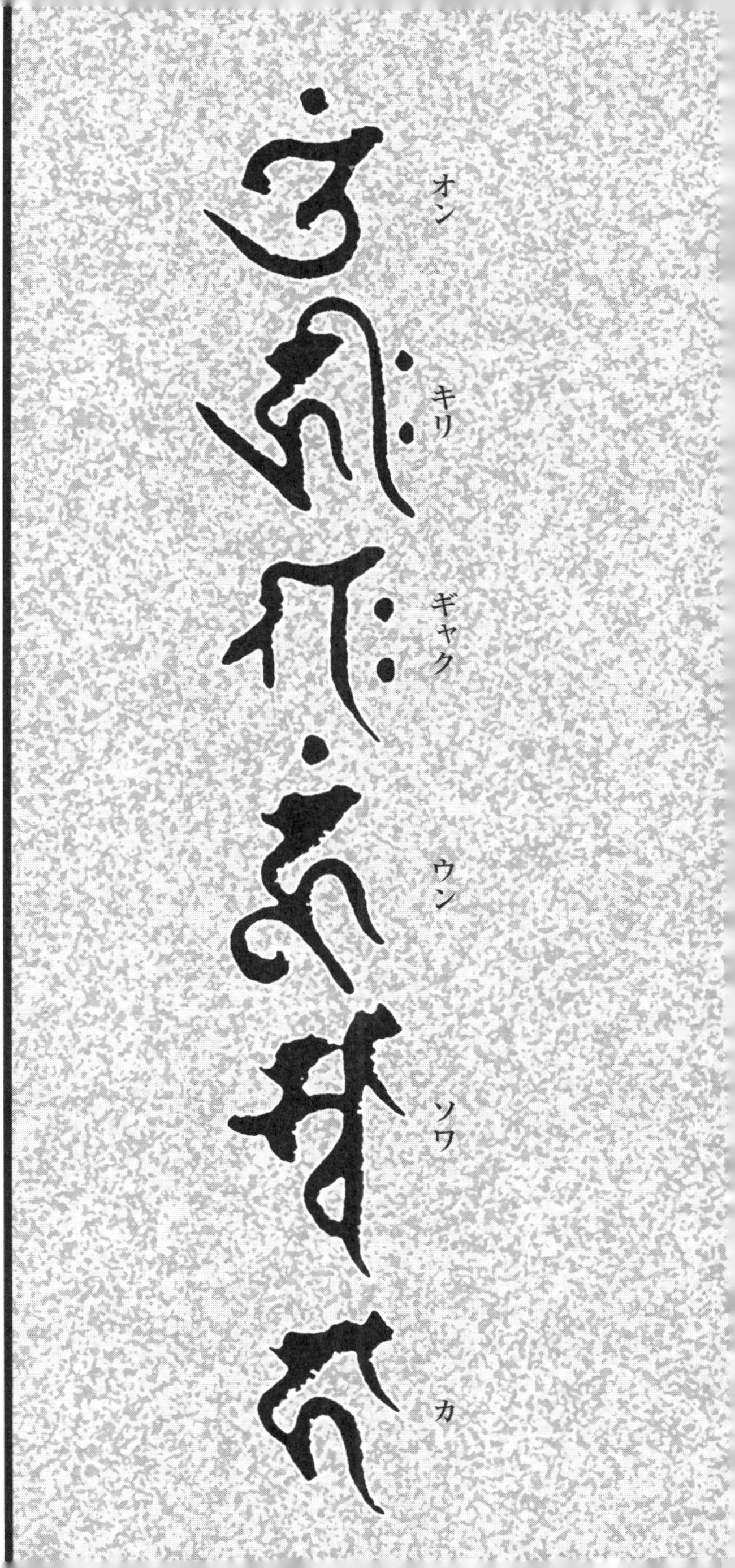

聖天さまのルーツを訪ねて

聖天さまって何ですか？　歴史上の偉い人物？　神さま？　それとも仏さま？

数年前ですが、『夢をかなえるゾウ』（水野敬也著　飛鳥出版）という本が出版され、話題になりました。内容は、主人公の部屋に突然あらわれたガネーシャというインドの神さまから、主人公がいろいろと人生を開くヒントをもらい、それを実践して成功していく過程がコミカルに描かれた作品です。

インドのガネーシャ神

小説形式の成功哲学本、自己啓発本として、大変に人気を集め、テレビドラマにもなりました。

このガネーシャが、表題の〝夢をかなえるゾウ〟なんですね。

なぜゾウか？　というと、この神さまは、首から上がゾウさんなのです。

ガネーシャといえば、インドの物産を扱っているお店やインド料理屋さんに行くと、必ずといっていいくらい絵やお像が置いてあるのですが、現地インドでも、とっても人気のある神さまです。もしそういうお店などに行く機会があったら、注意してみてください。だいたい置いてあります。

さて、この神さま、なぜそんなに人気があるかというと、何事でも物事のはじまりに拝んでおくと、うまくいくと信じられているからです。

インドではお店をはじめたり、会社をたちあげる時に、必ずこのガネーシャにお祈りが捧げられます。そういう「福の神」として、絶大の人気があるのです。

また、知恵や学問の神さまでもあります。

インドの大長編叙事詩《じょじし》である『マハーバーラタ』は、ビヤーサ仙人の言葉をガネーシャが筆記したものといいます。

日本でいえば、ちょうど天神《てんじん》さま（菅原道真公《すがわらのみちざねこう》）のような方としても信仰されているのです。

だから、インドでは、学問でもなんでも、最初にガネーシャにお祈りします。

でも、この日本では、〝夢をかなえるゾウ〟という言葉を聞いて、別の神さまを思い出した人もたくさんいたのです。その「別の神さま」とは……

それこそが、「聖天さま」です。

大聖歓喜天《だいしょうかんぎてん》、歓喜天、歓喜自在《じざい》天ともよばれます。信仰している人のあいだでは、単に「天《てん》尊《そん》」でも通じます。

この神さまも、ゾウの顔をしている神さまなのです。

では、ガネーシャによく似ているのか？

そうです。似ているどころではありません。なにせ、ガネーシャが平安時代に日本に来て、そうよばれるようになっただけなのです。

今から一二〇〇年も前である平安時代に日本に来たインドの神さまというと、驚くかもしれませんが、当時日本には、弘法大師空海《こうぼうだいしくうかい》（七七四～八三五）と伝教大師最澄《でんぎょうだいしさいちょう》（七六七～八二二）という、二人の優れた僧侶がいました。

このお二人は、「密教《みっきょう》」という特別な仏教を、中国から日本へもたらした人たちです。

仏教には何種類も教えがありますが、密教は、仏教のいちばん最後に登場したといわれる教えです。

ガネーシャはもともとインドのバラモン教のような土着の信仰の神さまですが、密教はそういうインド土着の神さまたちもひっくるめて、仏教の神さまとしました。そしてそれが中国や日本へと伝えられました。

当時のインドでは、聖天さまの元型であるガネーシャ神は、バラモン教（今のヒンドゥー教）の神さまです。

仏教は不思議な教えです。多くの宗教は、普通、他宗教の神さまを認めません。その点、仏教は異教の神さまであっても、あえてどんどん取り入れました。インドでも、中国でも、日本でもそうです。

その最たるものが「密教」なのです。

日本のお寺でも、境内《けいだい》に「稲荷大明神《いなりだいみょうじん》」という旗が立っている祠《ほこら》を見ることが多いですが、お稲荷さまは日本神話のトヨウケノオオカミやウカノミタマノミコト、ウケモチノカミなどといわれる一群の神さまたちです。

この神さまたちはもともとは神道《しんとう》で信仰される存在なのに、「鎮守《ちんじゅ》」とよばれ、寺院や信徒を守る役割が期待されて祀《まつ》られているのです。このように仏教は、異教の神であっても仏教の守護神というスタイルで取り込んできました。

特にインドのバラモン教は、仏教と、大きな流れのうえでの共通点が多く、仏教はバラモン教の神さまたちを取り込みやすかったのです。

そもそも仏教の宇宙観は、バラモン教の宇宙観をもとに発達しました。

宇宙観が多くの点で共通する部分があると、宗教は仲良くなりやすいのです。

ですから仏教は、バラモン教の神さまは違う宗教の神さまだから存在を認めない、なんてことはいわないのです。

特に密教は、バラモン教のスタイルをそのままダイレクトに取り込んだ仏教なのです。

バラモン教の神、仏教の神

そもそも、今から二五〇〇年余りの昔、インドでお釈迦さまが悟りを得られたとき、お釈迦さまは最初、「このような高度な悟りは、人に説いても到底理解できないだろうから、説くのをやめておこう」と思われたそうです。

でも、お釈迦さまのそのような気持ちを知って、「それはいけない。ぜひ、みんなのために説いてください」とお釈迦さまに声をかけたのは、バラモン教の最高位の神さまであるブラフマンでした。

ブラフマンは、我が国では「梵天《ぼんてん》」と呼ばれます。

そして、この故事は「梵天勧請《かんじょう》」といって、仏教では非常によく知られております。よく知られているどころか、この梵天の言葉がなければ仏教は始まらなかったといってもいいのです。仏教は何かを拝《おが》んで幸せになるのではなく、悟りを開くということが目的の宗教です。仏教を始めたお釈迦さまも「何かの神さまを拝めば幸せになれる」とはいいませんでした。悟りという「智慧《ちえ》」によってこそ、我々は苦しみから解放されると考えたからです。

お釈迦さま（インド・サールナート博物館蔵）

　これは仏教の、ほかの宗教と大きく違う点ですので、ぜひ覚えておいてください。

　でも、いっぽうでお釈迦さまも、神々や先祖を大切にすることは、やはり大事であると考えられていたようです。

　仏教学者の中には、仏教は宗教では

なく哲学であり、そもそも「無霊魂の教え」であって葬式や法事とはなんの関係もない……というようなことをいう人もおりますが、実際は初期仏教の段階で、葬儀も先祖供養《せんぞくよう》もすでにおこなわれていたようですし、現代の仏教を読み違えた方々とは違って、やはり霊魂のようなものを認めています。

ただしそれは、当時のインドで信じられていたような、永遠に変わらない存在としての霊魂＝アートマンといいますが、そのようなものではなく、我々の業《ごう》（カルマ）、つまり我々の実際の行為や言動の結果によって、いかようにも変化していく存在と考えたのです。

ですから仏教では、人間は男性にも女性にも動物にも天人《てんにん》にも生まれ変わると信じていました。

そんなことってあるのでしょうか？

私はあると信じています。これを「輪廻《りんね》」といって、仏教の大事なテーゼです。

また『サンユッタ・ニカーヤ』という、非常に古い時代の仏教経典（原始経典）では、お釈迦さまはインド古来の神々や悪魔たちとも対話しており、仏教の宇宙観の中には、原始経典が編纂《へんさん》された時点で、すでに神々も悪魔たちも、もれなく存在していたのです。

ちなみに原始経典とは、我々と同じ肉体をお持ちの、歴史上の人物としてのお釈迦さまが説かれたお経です。これに対して大乗経典や密教経典は、空間を超えた存在、宇宙そのものの存在（これを「報身仏《ほうじんぶつ》」や「法身仏《ほっしんぶつ》」といいます。これらについては後述します）としてのお釈迦さまが説かれたお経です。

いずれも、お釈迦さまが説かれた大切なお経であると考えてください。

話が少し逸《そ》れました。とにかく、歴史上のお釈迦さまが説かれた原始経典にも、他宗教の神々のことが説かれているのですから、仏教の中にいろいろな神さまが存在していることは、少しも不思議ではないのです。

さて、こうした神々は、仏教では「天部《てんぶ》」とよばれます。天とはインドの言葉で「デーヴァ」、つまり神々のことです。ですから通常、日本では「○○天」とよばれて祀られます。

弁財天《べんざいてん》、大黒天《だいこくてん》、毘沙門天《びしゃもんてん》は、七福神《しちふくじん》のメンバーとしても有名ですね。

ほかにも、名前の上で「天」はつきませんが、水の神として知られる龍王《りゅうおう》や子育ての神である鬼子母神《きしもじん》、そして妙見尊《みょうけんそん》のような星の神々も天部です。

ちなみに妙見尊はよく「妙見大菩薩《みょうけんだいぼさつ》」ともいいますが、密教では「菩薩部」ではなく天部（神々）に分類されています。菩薩とは大乗仏教の修行者のことですから、大乗仏教の修行者は皆おしなべて菩薩ではありますが、礼拝《らいはい》対象としては特に仏の悟りに近い位の菩薩、あるいは如来《にょらい》の化身としての菩薩を「菩薩部のほとけ」といいます。観音《かんのん》さまやお地蔵《じぞう》さまは「大菩薩」ですね。

日本の仏教では、浄土真宗《じょうどしんしゅう》以外は、おしなべてこの天部の神々を祀ることを否定しません。ちなみに浄土真宗に関しては、阿弥陀《あみだ》一仏以外は拝まないという信仰ですので、天部のみならず、阿弥陀如来以外のお釈迦さまや観音さま、お地蔵さまなどの仏・菩薩も、すべてお祀りしません。

天部信仰のはじまり

原始経典における天部の神々は、信仰対象ではなく、仏教の帰依者《きえしゃ》、お釈迦さまの弟子でした。先ほど申したように、原始経典『サンユッタ・ニカーヤ』にも、お釈迦さまの教えを聴こうと訪れた神々や悪魔、鬼神《きじん》の話が出ています。

彼らはお釈迦さまの教えを求め、帰依し、そして「護法《ごほう》神」（要するに、仏教のガードマンです）としても位置づけられました。

お釈迦さまや高徳の僧侶が説法（教えを説くこと）する時、その対告衆《たいごうしゅ》（説法の対象）となるのは、もっぱら人と神々です（伝統的な仏教用語では、人と神々を合わせて「人天《にんでん》」といいます）。

なお、動物などは、教えを聞いても理解することができないのですが、それでも教えが耳に触れ縁《えん》に触れれば、彼らの良きカルマ（業）の材料になると信じられています。

中国の有名な伝奇小説『西遊記《さいゆうき》』の中に、取経《しゅきょう》の旅をする三蔵法師《さんぞうほうし》一行《いっこう》の行く手を阻《はば》む強力な妖怪として、大河に住む妖怪「霊感大王《れいかんだいおう》」が登場しますが、これはもともと観音さまの南海補《なんかいふ》陀落浄土《だらくじょうど》にいた金魚が、仏さまの教え（お経）を聞いたことによって神通力《じんづうりき》を得、こっそりと下《げ》界《かい》に逃げ出してしまった姿なのだといいます。

お話の最後には、名うての孫悟空《そんごくう》も手を焼くこの金魚は、観音さまに引き取られ、南海補陀落浄土へ帰っていきます。

つまり、動物や魚でさえ神通力を持つようになるほど、仏さまの教えやお経を聞くことは大きな力になると考えられていたわけです。

最近は、亡くなったペットの供養も盛んなようですが、仏教の立場からはとても意義のあることと思います。

拙寺《せつじ》（私が住職をつとめる金翅鳥院《こんじちょういん》）のご本尊《ほんぞん》の十一面観音《じゅういちめんかんのん》さまの祭礼《さいれい》では、拙寺で飼っている猫も信徒さんに加わって座っていることがありますが、彼らの良き果報《かほう》になればと思って、あえて放《ほう》っておきます。

もっとも、『西遊記』の霊感大王のような妖怪になっては困りますが（笑）。

仏教ではほかにも、目には見えない地獄《じごく》・餓鬼《がき》・阿修羅《あしゅら》といった世界が想定されて、「六道《ろくどう》」

に数えられていますが、地獄は苦痛間断《かんだん》なく、餓鬼はもっぱら飢渇《きかつ》に苦しんで飲食以外求めず、阿修羅は常に戦闘状態なので、聞法《もんぼう》に及ぶことは困難です。

したがって、六道の内で、積極的に仏道修行ができるのは、もっぱら人と天の二道のみということになるのです。

ですから、比叡山《ひえいざん》で浄土教の祖として知られる横川《よかわ》の源信僧都《げんしんそうず》（九四二～一〇一七）は、『横川法語《ほうご》』の中で、「それ一切衆生《いっさいしゅじょう》、三悪道《さんあくどう》を逃《のが》れて人間に生まれること、大いなる喜びなり」といっています。

仏道を信じる人は、まず、人間に生まれたことを喜びましょう。

さて、先ほども申しましたが、天部の神々には、仏教に対する帰依者としての側面のほかに、「護法神」（仏教を護《まも》る神）としての側面も持っています。

護法というのは「外護《げご》」ともいって、これは天部の神々だけではなく、人間であっても、仏教の教えや教団をなんらかのかたちで支援すれば、「外護者」とよばれます。たとえば、富裕な人であれば財力によって仏教教団を支援するでしょうし（現代風にいえば「スポンサー」ですね）、また、王さまや政府の高官などは行政面からも支援したと思われます。仏教を大いに支えたインドのアショーカ王（紀元前三〇二～二三二ころ）などは、そのもっとも代表的な存在です。

同じように天部の神々も、仏教教団を支援する存在と考えられたのです。ただし、財力や行政によってではなく、神さまとしての神秘的な力によって支援しているわけです。

このような外護者や帰依者としての天部の神々を、仏教では古来、重んじてきたのです。天部の神々への信仰（天部信仰）は大乗仏教のみに見られることだと思っている人がいますが、それは違うといえます。原始経典や原始経典の教えにもとづく上座部《じょうざぶ》仏教においても、天部の神々はちゃんと存在しているのです。

上座部仏教における天部の神々は、積極的に礼拝する存在ではなく、あくまで外護者、護法神としてではありますが、ナーガ（龍神）やガルダ（金翅鳥、迦楼羅《かるら》）の彫り物が寺院に施《ほどこ》され、仏教を護っている意義が付《ふ》せられています。ナーガやガルダは一種の動物神ともいえますが、天部に属します。

原始経典でも大乗経典でもひとしく重んじられている代表的天部としては、梵天や帝釈天《たいしゃくてん》、四天王《してんのう》（持国天《じこくてん》・増長天《ぞうちょうてん》・広目天《こうもくてん》・多聞天《たもんてん》。多聞天は毘沙門天ともよばれます）などが挙げられるでしょう。

四天王や梵天、帝釈天は、奈良時代の日本では、『法華経《ほけきょう》』や『金光明最勝王経《こんこうみょうさいしょうおうきょう》』など、読《どく》誦《じゅ》すれば国や民にさまざまな恩恵を施すとされた経典の護法神として重んじられました。

ちなみに中国でもそのように信仰されており、仏教の熱烈な信者であった則天武后《そくてんぶこう》が、自ら『金光明最勝王経』を漢訳すると、天から花が降り、大地が振動したなどという伝説もあります。

このような力ある経典に付随《ふずい》したのが、天部信仰のはじまりのようです。

日本での仏教の布教を進めようとする聖徳太子《しょうとくたいし》（厩殿皇子《うまやどのおうじ》　五七四～六二二）が敵対する物部氏《もののべし》を破ったのも、毘沙門天（多聞天）を頭《かしら》とする四天王のおかげと考えられ、これをもとに大阪の「四天王寺《してんのうじ》」（四天王を祀る）や奈良・斑鳩《いかるが》の「信貴山朝護孫子寺《しぎさんちょうごそんしじ》」（毘沙門天を祀る）といった寺院が建てられました。

飛鳥《あすか》時代～奈良時代に建てられたお寺は、ほとんどがこうした我が国の国家鎮護《ちんご》の霊験《れいげん》を求められてのものです。

天下の四大寺といわれた「東大寺《とうだいじ》」「興福寺《こうふくじ》」「延暦寺《えんりゃくじ》」「園城寺《おんじょうじ》」も、すべてそのような目的で建てられたお寺であり、今日の多くの寺院が執《と》り行《おこな》う葬儀とも無縁な存在でした。

ただ、そうしたお寺の多くの本尊は如来や菩薩であり、天部が本尊というのは四天王寺の四天王や朝護孫子寺の毘沙門天などの例外を除くと、ほとんどなかったといっていいでしょう（ちなみに四天王寺の現在の本尊は、聖《しょう》観音です）。

なぜなら、こうした天部信仰のあり方は、後に伝えられた密教とは違い、あくまで「護法神」「外護者」としてですので、本尊ではないのです。

奈良時代に『金光明最勝王経』の読誦によって国土を安穏《あんのん》にすべく、聖武天皇《しょうむ》（七〇一〜七五六）により、「東大寺」と、それに付属する全国の「国分寺《こくぶんじ》」が建てられました。
東大寺や全国の国分寺では、『金光明最勝王経』の読誦と、「最勝懺法《さいしょうせんぼう》」といわれる法要《ほうよう》がおこなわれましたが、その本尊は釈迦如来《しゃかにょらい》（お釈迦さま）であり、脇侍《わきじ》として吉祥天《きちじょうてん》と毘沙門天が置かれたといいます。これは天部が本尊ではなく護法神、外護者として考えられたということの、わかりやすい例です。

毘沙門天は、もともとは「神々の王」とよばれる帝釈天の部下に相当する、天の将軍であり、持国天・増長天・広目天などとともに四天王に数えられます。梵名《ぼんみょう》（インドの原語での名前）は「ヴァイシュラヴァナ」といいます。

毘沙門天は武神《ぶじん》ですので、鎧《よろい》をつけて槍《やり》や宝棒《ほうぼう》などを持ちます。インドでも仏教教団を賊《ぞく》や異教徒の攻撃などから護ることが期待されて、盛んに祀られたものと思います。

中国でも唐《とう》の時代に戦《いくさ》がおこり、勅命《ちょくめい》で密教の高僧・不空三蔵《ふくうさんぞう》（七〇五〜七五六）が毘沙門天に祈ったところ、毘沙門天が敵前に姿をあらわし、毘沙門天の眷族《けんぞく》（従者）である金色のネズミが敵軍の弓の弦《つる》を食い破ったので敵は退散した、という伝説が伝えられています。

吉祥天は、梵名をラクシュミーという幸福の女神で、インドではヴィシュヌ神というインド三大神の一人の妻神として知られますが、仏教では毘沙門天の妻神とされています。

「最勝懺法」は「吉祥悔過《きちじょうけか》」ともいい、実はこの吉祥天が、本尊の釈迦如来に次《つ》いで大きな役割を果たします。

「吉祥悔過」とは、つまり吉祥天による懺悔滅罪法《さんげめつざいほう》の意味です。

このあたりから、徐々に我が国において、本尊としても天部信仰が芽を出してくるのです。

密教の天部信仰

平安時代になり、弘法大師空海によって密教が本格的に我が国にもたらされると、密教の多くの「儀軌《ぎき》」がもたらされます。

儀軌というのは密教経典の一種なのですが、『般若心経《はんにゃしんぎょう》』や『法華経』のように読誦したりはしません。密教の具体的な修法《しゅほう》のやり方や、仏像や曼荼羅《まんだら》などの制作の仕方など、さまざまな決まり事が書かれてあるのが特徴です。お経というよりは「テキスト」という言葉のほうが的確かもしれません。

ちなみに密教は、その名のとおり秘密の教えですから、たくさんの人がいるところで声高らかに密教経典を読み上げるということはほとんどおこなわれないのですが、それでも真言宗《しんごんしゅう》でよく読む『理趣経《りしゅきょう》』のように、読誦の功徳《くどく》が明確にうたわれているものもないわけではありません。

さて、儀軌の話に戻りましょう。儀軌の中には、聖天さまに関するものもあれば、毘沙門天、吉祥天、摩利支天《まりしてん》、訶梨帝母《かりていも》（鬼子母神）、閻魔天《えんまてん》、大自在天《だいじざいてん》、伎芸天《ぎげいてん》など、実にさまざまな天部に関するものがあります。

それらには、天部のそれぞれの功徳と、具体的な祀り方や祈願の仕方などが書かれてあり、独《どく》尊《そん》（単独の尊格）として信仰できるようになっています。

密教以外の仏教は「顕教《けんぎょう》」（あらわな教え）とよばれますが、顕教のお経では、密教の儀軌のように天部の独尊としての功徳を事細かに述べるものは、あまりありません。

あえていうなら、航海の安全を龍神に祈る『海龍王経《かいりゅうおうきょう》』くらいでしょうか。

とにかく、このように密教経典においては、天部を本尊として礼拝対象にするという考えが明確になります。

もっとも大事なことは、密教では、天部が護法神や外護者であるにとどまらず、仏教に帰依する者をより深い悟りへと導く、本尊としての役割をも持っていることです。

密教以外の、顕教とよばれる仏教では、本尊は、多くの場合は如来、つまり究極の悟りを開い

法身仏・大日如来

た存在でした。

これは密教でも仏部といわれ、その代表格として「大日如来《だいにちにょらい》」という仏が存在します。

ここで、大日如来について、少し掘り下げましょう。

大日如来は、きわめて特別な存在です。

悟りの智慧を持つ如来であるばかりか、すべての仏・菩薩・明王《みょうおう》・天部に化身する存在です。

逆をいえば、すべての神仏ばかりか、森羅万象《しんらばんしょう》、つまり宇宙そのものがそっくり大日如来のあらわれなのです。

時空を超えた存在であり、宇宙そのものと考えていいのです。

宇宙創造の唯一神《ゆいいつしん》のようですが、そこに一《いち》とか多《た》とかいう相対的な区別はなく、はじめも終わりもありません。宇宙創造ではなく、宇宙そのものの理法《りほう》であり、智慧なのです。大日如来に比べれば、キリスト教でいうような創造主は、いまだ時間軸の上で展開する存在であり、唯一神といっても他の神々に拮抗《きっこう》するような存在に過ぎません。

このような仏の考え方を「法身仏《ほっしんぶつ》」といいます。法はインドの言葉で「ダルマ」といい、「教え」という意味もありますが、この場合は「存在するものすべて」という意味です。法身とは、宇宙そのものが身体という意味です。

大日如来には、阿弥陀《あみだ》如来のように法蔵《ほうぞう》菩薩だった過去や、お釈迦さまのような前世の物語はありません。

これは、時間を超えているからです。なお、時間は超えないが空間を超えている存在である仏は「報身仏《ほうじんぶつ》」とよばれ、阿弥陀如来や薬師《やくし》如来はこれに相当します。そして時間・空間ともに限定された存在としての仏は「応身仏《おうじんぶつ》」とよばれ、歴史上の人物としてのお釈迦さまがこれに相当します。

これら法身・報身・応身は、仏の「三身《さんじん》」と総称されます。

しかし、本当はどの仏も「無作《むさ》の三身」といって、この三つの姿を持っており、実は異なる存在ではないのだというのが、大乗仏教、とりわけ天台教学の提唱する教えです。

法身仏の大日如来、報身仏の阿弥陀如来や薬師如来、応身仏のお釈迦さま、すべて異なる存在ではありません。

特に、お釈迦さまと大日如来は、古来、「異なる存在なのか、同じ存在なのか」という議論が盛んにおこなわれたのですが、同じ存在といいきっていいのです！　お釈迦さまの真の姿、宇宙そのものの法身仏としてのお釈迦さまの別名が大日如来なのだと、思ってかまいません。

少し話が難しくなりましたが、とにかく密教では、どのような神仏も、究極的には法身仏である大日如来の「あらわれ」（化身）として拝むのです。

毘沙門天も、吉祥天も、弁財天も、つまりは法身・大日如来の化身ということです。

『毘沙門天和讃《わさん》』の中にも、毘沙門天を指して「実相真如《じっそうしんにょ》の月の顔、降魔《ごうま》のために曇りあり」とうたっています。

大変美しい表現だと思いますが、つまり毘沙門天は、そのもともとのお姿は、まるでまん丸のお月さまのような完全な大日如来なのだが、降魔（悪魔を降《くだ》す、征服する）という役目のために、ことさらにいかめしい武神としてあらわれているのだという意味です。

この本来の姿を、「本地仏《ほんじぶつ》」、または単に「本地」といいます。

法身である大日如来は、すべての神仏の「究極の本地」であるわけです。

しかし、あえて大日如来とその神仏とのあいだに、別の仏を本地として入れる場合も多くあります。

たとえば毘沙門天は、本地を観音さまやお地蔵さまとする説もありますし、弁財天も観音さまや阿弥陀如来、お釈迦さま。大黒天なら不動明王《ふどうみょうおう》。

ダキニ天は如意輪《にょいりん》観音や文殊《もんじゅ》菩薩……などという具合です。

これは、より個性的な含みを持たした考えなのでしょう。

ちなみに聖天さまの本地は、十一面《じゅういちめん》観音ということになっています。

十一面観音とは、文字どおりに十一の顔を持つ観音さまです。

ちなみに密教では、普通の観音さまを聖《しょう》観音といい、それを母体にしてさまざまな「変化《へんげ》観音」がそこから生み出されました。

さて、密教の天部信仰で大事なのは、実は今いった、この本地の考えです。

つまり、天部の神々を通じておのおの本地仏に至り、さらに大日如来に至るのです。

この考えを誤ると、もっとも重要視される密教経典の一つ『大日経《だいにちきょう》』の住心品《じゅうしんぼん》でいう「第二住心」に過ぎないことになります。つまり、レベルの低いご利益《りやく》信仰に陥《おち》ります。無信仰よりはまだましですが、信仰としてはきわめて低レベルです。

いつまでたっても仏教の教えそのものには関心を抱かず、ただ天部の諸尊《しょそん》を供養していればそれでいいという考えです。

何も、ご利益が欲しいというのが即《そく》、低レベルなのではありません。

しかしながら、いつまでたっても自分の希望の成就《じょうじゅ》を願うだけの信仰は、仏教の信仰とはいえないほど遠いものなのです。

それこそ五十年以上も前のことですが、どこだかの霊験談《れいげんだん》に、こんなものがあったそうです。ある人が、財布を落としてしまい、帰りの旅費もなくしてしまった。そこで一心に、日頃信仰している教団の本尊を思い浮かべて祈ったら、ふと路上に財布が落ちていた。拾うとお金が入っていたので、それで無事帰ってこられた……というのです。

この話を、どう思われますか?

倫理観のうえで、時代的に少々変化はあるでしょうが、拾った財布を横領《おうりょう》してご利益だと考えるのは、もう倫理以前の常識がおかしいといわざるをえません。まあ、当時は落とし物を交番に届けるという習慣がなかったのかもしれませんが……。

これは半世紀以上前の話なので、そのように割り引いても考えられますが、現代でもたいして変わらぬ考えの人というのはいないわけではありません。

私がまだ小僧時代に、聖天行者《ぎょうじゃ》であった師匠が、こんなとんでもない人間もいるという話をしてくれました。

ある金融業をしている人物だそうですが、焦《こ》げついていた返済が順調にいきはじめた、というのです。

それなら結構なことと普通は思うのですが、なんとこの人物は、「お金より抵当物件が欲しい。だから聖天さまの力でなんとか相手が返せなくなるよう邪魔をしてくれ」といったそうです。

師匠はもちろん断ったうえで、「あんたのような考えの人間は大嫌いだから、もう二度と来てくれるな」とまでいったそうです。驚くような話ですが、現世利益《げんぜりやく》に目がくらむとそういう人もいるのです。

「なんでも叶う聖天さま」なればこそ、拝む人の品性《ひんせい》も人格も、すべてむき出しにしてしまいます。

ここが聖天さまの最大の恐さです。

悲しいことに、「なんでも叶う」ならば、このような、人として間違った祈願をする人が少なくないのも、聖天信仰の現実です。

しかも、そういう人ははた目からも非常に貪欲《どんよく》で不愉快な人間になっているのに、一向に気がつきません。まるで「裸の王さま」です。

ですから、ただただご利益欲しさに天部の神々を礼拝するだけでは、「密教の天部信仰」とはいえません。

前述したように、『大日経』にいわせれば、ご利益追及のみで天部の神々を礼拝するのは、それは「外道《げどう》（仏教ではない）の信仰」ということになります。

密教も仏教ですから、仏教の原則にかなった天部信仰をおこなわねばならないのです。

これは聖天信仰のみならず、毘沙門天でも大黒天でも、理屈はみな一緒です。

吉祥天の信仰を説いた『金光明最勝王経』の第十七章「大吉祥天増長財物品《だいきちじょうてんぞうちょうざいもつほん》」には、「慳惜《けんじゃく》して一人おのが身のためにすべからず」とあり、自分一人が得《とく》をするような考えを戒《いまし》めています。

これは吉祥天信仰だけの話ではなく、現世利益の信仰すべてに通じる考えです。

仏教の専門用語でいえば、広く布施をするということ、常に社会や人や生き物の利益を考えて行動するということなのです。

聖天さまの信仰は、密教の天部信仰の中でもきわめて特殊なもので、難易度《なんいど》からいえば、いわば天部信仰の上級クラスに相当します。

いろいろとむつかしい決まり事もありますが、ご利益抜群です。

また、聖天さまの信仰が理解できたなら、ほかの毘沙門天や弁財天、大黒天などといった天部の信仰に共通するものがありますから、何さまを拝んでも大筋《おおすじ》では間違いはないと思います。

十一面観音のお話

先ほどもいいましたが、聖天さまの本地仏は十一面観音です。

では、十一面観音とは、どういう観音さまなのでしょう？ そして、如何《いか》にして聖天さまの本地仏になったのでしょう？

それには、面白い仏教説話《せつわ》（説話とは「伝承されている物語」という意味）があります。

かつて聖天さまは、「ビナヤキャ（毘那夜迦）王」といって、恐ろしい常随魔《じょうずいま》の王でした。ビナヤキャとはインドの言葉で、「常随魔」を意味します。常随魔とは、人に常につき随《したが》い、その人のチャンスや幸運をダメにする悪魔です。

よく、「好事《こうじ》魔多し」といいます。良いことほどケチがつくという話ですが、それはまさに常随魔＝ビナヤキャの働きをいうものと考えていいでしょう。

インドにおけるビナヤキャたちは、必ずしもゾウの頭ではなく、さまざまな動物の頭をしているようですが、その中でも「四部大将《しぶだいしょう》」といわれる最上座《さいじょうざ》の四ビナヤキャは、聖天さまと同じく象頭人身の姿です。

ゾウは、インドや東南アジアでは人の役に立つ大変有用な動物ですが、逆にヘソを曲げて道の真ん中に陣取ればテコでも動かず、大変手の焼ける生き物だそうです。

物事がうまくいかないのは、あたかも道にゾウが陣取るようなもので、それでビナヤキャは象頭人身なのだといいます。

ほかにも聖天さまが象頭人身の理由として、インド神話ではシヴァ神の息子であったガネーシャが、母神ウマーの入浴の門番をしていて、そこに入ってきたシヴァともみあいになり、ついにシヴァに首を打ち落とされてしまった。このことを知ったウマーは大いに夫をなじり、シヴァはたまたま通りかかったゾウの首を息子ガネーシャにすげ替えたという話があります。

また、ガネーシャが生まれた時、お祝いに来た土星の神シャニの目の魔力で首が切れて飛んでしまったので、そこにいあわせたゾウの首にすげ替えたという話もあります。

しかし仏教的には、やはりビナヤキャ（常随魔）の王としての話がふさわしいように思います。

仏教でのガネーシャは、とにかくこういう魔物の首領とされているのですから、良い存在のわけはありません。

仏教説話では、このビナヤキャ王としてのガネーシャの、傍若無人《ぼうじゃくぶじん》なふるまいに困った人々が、十一面観音に救いを求めたというのです。

ここで一言断っておきますが、この経緯から「聖天さまは魔王なので信仰してはいけない」という人があることです。

しかし、これはあくまで、仏教から見た異教の神であるガネーシャの姿だということを知らねばなりません。

しかも、もともとヒンドゥー教やバラモン教の神さまには、二面性があります。

十一面観音

恐ろしい面と慈悲の面です。シヴァはガネーシャの父神でもあり、インド中《じゅう》で遍《あまね》く信仰されている神さまですが、ルドラという恐ろしい暴風雨の神としての顔も持っています。また、獣たちを司《つかさど》るパシュパタという神の顔も持っています。

恐ろしい生首の首飾りをつけて、手に手に血塗られた武器を振り上げ、忿怒《ふんぬ》の形相《ぎょうそう》すさまじく雄叫《おたけ》びをあげているカーリー女神はシヴァの奥さんですが、この女神もきわめて慈悲深い神として広く信仰されています。

神さまには、慈悲と恐怖の二面性があります。

このことは大乗経典においても、『金光明最勝王経』でも弁財天をして「好醜《こうしゅう》の姿ともに有する」とあることからもわかります。

弁財天も、ヒンドゥー教やバラモン教ではサラスヴァティーといわれる河川と智慧の女神ですが、美しい姿も恐い姿もあると明記されているのです。

このようにインドの神々には、おしなべて慈悲だけとか、恐ろしいだけの一面に限られた神はいません。どんな恐ろしい神さまにも我々を利益する面があり、また慈悲の神にも恐ろしい裏の顔が秘められています。

これは人間でも自然でも、実際はすべてそうでしょう。

そして実はこのような神の観念は、世界共通のものです。

キリスト教の聖書の神さまも、ひとり児《ご》イエスを人間社会の救済のため遣《つか》わされる慈悲の神でもあり、同時にノアの洪水を起こした恐ろしい神でもあります。

仏教の中では魔王としての側面を持つガネーシャも、インドでは必ずしも悪魔のように恐ろしがられてはいないのです。

むしろ親しみやすい神さまとして、随所《ずいしょ》にお祀りされています。

聖天さまが悪魔の王であったということが強調されるのは、仏教説話の中に限定された話であり、ガネーシャ即《そく》悪魔とか聖天さま即《そく》魔王などと短絡的には考えないでください。

さらにいうなら、我々の持つ悪魔のイメージは、キリスト教でつくられた西洋的なサタンのイメージですね。

でも、悪魔というのは、本当は必ずしも悪いだけじゃないのです。

たとえば、昔、「エクソシスト」という映画がありました。

現実にあった悪魔祓《ばら》いをモデルにした映画だそうですが、あの話に出てくる「パズス」というメソポタミアの恐ろしい悪魔は、実は、悪魔の王なるがゆえに悪魔を統率する力があるということで、アッカド人はその姿を魔よけの護符《ごふ》として使いました。また、その妻であるラマシュトゥという女の悪魔から、出産の母子を護る存在ともされました。鬼子母神さんみたいですね。

また、そのラマシュトゥ自身も悪いだけの存在ではなく、豚や犬などの家畜の病を除くご利益があると信じられたのです。

たとえば皆さんは、「トラ」をどう思いますか?

危険な猛獣ではあり、人も襲いますが、同時にわずかな数で生態系の頂点に立って森林の生き物を調整し、自然のバランスを護っている、きわめて重要な存在でもあります。

まあ、いってみれば悪魔というのも、そういうものなのです。

この世のあらゆる悪の塊《かたまり》のようなものではなく、そうした自然神の一面がすなわち悪魔です。

さて、話を戻します。

ビナヤキャ王（ガネーシャ）の傍若無人なふるまいに困っている人々の訴えを聞いた十一面観音は、一計を案じて、象頭人身のビナヤキャ女の姿となって、ビナヤキャ王の前にあらわれたのでした。

十一面観音はその名のとおり、多くの顔を使い分ける観音さまであり、諸尊の本地仏としてもよく登場します。私は師匠から、「十一面観音は諸天の総本地《そうほんじ》だから、本地仏のわからない天部に祈願する場合は、十一面観音が本地だと思って祈るといい」といわれました。

ビナヤキャ王はおおいに恋着《れんちゃく》の心を起こして、十一面観音の化身であるビナヤキャ女を妻にしたいといいますが、彼女は「私はもともとは観音の化身です。もし魔王であるあなたが私を妻にしたいなら、仏教に帰依《きえ》して悪事をやめ、人々を利益すると約束してください」といったのでした。

ビナヤキャ王はその約束を果たし、二人は夫婦になったといいます。

　ですから、本書の2ページ目の、聖天さまの「お姿」についてのページでも申しましたが、聖天さまというのは、お一人の神さまではないのです。ご夫婦の神さまということになります。

　聖天さまを象徴する梵字《ぼんじ》（種字《しゅじ》）は「ギャクギャク」ですが、これは「ギャク」という梵字が二字ならんで一字となっているのですが、この二つの「ギャク」は、聖天さまがご夫婦であることをあらわしているのです。

聖天さまを象徴する梵字「ギャクギャク」。２つの「ギャク」という字が１つになっている形であり、聖天さまがご夫婦であることをあらわしている。

　昔から聖天さまは、私たちの願いを叶えるパワーがとても強い神さまとして特別視されてきましたが、その秘密の一つは、聖天さま＋《プラス》十一面観音の力が働いているということにありましょう。

　十一面観音についてもう少し詳しく話しますと、六道のそれぞれを救済するという「六観音」の一人としては、「阿修羅道」の救済を司《つかさど》る観音さまとされています。

　阿修羅というのは戦いの神ですが、インド神話の中では、事実上の悪魔のような存在です。その凶暴さは、常随魔であるビナヤキャも比ではありません。

ですから、バラモン教の主だった神々は、皆、この阿修羅の敵対者です。『正法念所経《しょうぼうねんじょきょう》』という仏教のお経には、阿修羅と神々の王とされる帝釈天との戦いのことが詳しく出てきます。

この戦いの原因はといえば、帝釈天が阿修羅王の娘を好きになり、帝釈天のお城に連れていって妻にしてしまったのを、阿修羅王が怒って戦いを挑んだという話です。

世間でもありそうな話ですね。若者が自分の娘と恋に落ちて連れていってしまったので、「ふざけるな！」と親父さんはカンカン……というのと同じ状況であるわけです。

この帝釈天というのは、ギリシャ神話のゼウスのような神さまで、偉いには偉い神さまなのですが、好色《こうしょく》で、しばしば失敗する神さまでもあります。

ほかにも仙人の妻に懸想《けそう》して、仙人から呪いを受け、全身に千個の女陰《じょいん》を付けられてしまったなどというグロテスクな話もありますが、さすが神々の王だけあって彼は神通力でそれらを自らの千個の目に変えてしまったといいます。それで千個の目を持つ神々の王「千眼帝釈主《せんげんたいしゃくしゅ》」などという別名もある神さまです。

ちなみに、昭和世代の人はよく知っている映画「フーテンの寅《とら》さん」には、渥美清《あつみきよし》さん演じる主人公・車寅次郎《くるまとらじろう》の「帝釈天で産湯《うぶゆ》をつかい……」というセリフが出てきますが、このセリフの中に出てくる帝釈天とは、「柴又帝釈天《しばまたたいしゃくてん》」という愛称で知られる、帝釈天をお祀りしている日蓮宗《にちれんしゅう》のお寺「題経寺《だいきょうじ》」のことです。

数々の仏教経典に聴衆として多く登場する帝釈天は、仏教の最古参《さいこさん》の有力な護法神であります。

ところで、神さまに色欲があるというのは、おかしいでしょうか？

でも、仏教の考えでは、「欲界《よくかい》」という世界ではそうした食欲・性欲・睡眠欲というような欲望が支配していて、神さまも例外ではないのです。

帝釈天は神々の王といっても、欲界の神々の王なのです。

そして、聖天さまもまた欲界の存在です。色欲があればこそ、十一面観音の化身に出会って彼女を好きになり、夫婦になったのです。

我々人間が住んでいるのも、もちろん欲界です。

欲界の神々には喜怒哀楽があり、恋もすれば食事もします。もっとも、神さまではあるので、すべて我々人間のようなあり方ではなく、恋をするのも「単に目と目を合わせるだけで満足が得られる」というようなことが、経典に書かれています。

この欲界の上には、「大梵天王《だいぼんてんのう》」といったバラモン教の最高神がいるとされる「色界《しきかい》」があります。ここは「意志」と「物質」はまだ存在するので、厳密にはまったくすべての欲がないわけではありませんが、色欲や性欲のような、そういう「生物的な欲」は持たない世界です。仏教からいえば、バラモン教の最高位の神々は、この色界の住人です。常に瞑想に入り、欲界のような欲からは離れた存在です。

また、さらには「無色界《むしきかい》」という、上座部仏教の成就者《じょうじゅ》「阿羅漢《あらかん》」が転生《てんしょう》する世界があります。色というのは物質のことですから、意味からいえば何もない世界ですが、実はまったく何もないわけではないのです。微細《みさい》な「もの」は存在する世界です。

仏教は物心一元論です。体なくして心なく、心あれば体ありと考えます。仏教の究極の目的は、「涅槃《ねはん》」ということにあります。

スリランカやミャンマー、タイなどで信仰されている上座部仏教の聖者である阿羅漢は、究極的に自らの完全消滅を目指す教えなのですが、対する日本や中国、台湾、チベット、韓国、ベトナムなどの大乗仏教の見解では、実は彼ら阿羅漢はお釈迦さまのような悟りを開くのではなく、単に無色界に転生するにすぎないのだと考えます。つまり輪廻を出ていないのです。

涅槃には、「有余涅槃《うよねはん》」といって肉体を持ったままの聖者の涅槃と「無余涅槃《むよねはん》」といって聖者が死後にそのすべてが消滅する涅槃の二種類があるのですが、上座部仏教では輪廻からの完全な脱却を目指すので、無余涅槃こそが、究極の目的とされるのです。

大乗仏教の聖者である「菩薩」は、六道において、積極的に衆生《しゅじょう》（六道の生命ある存在すべて）の救済活動をすることで、即《そく》、仏の働きをする存在であり、完全消滅の無余涅槃などは目指すことなく、これをもって仏道の目的とします。

大乗仏教にも「涅槃」という言葉はもちろんあるのですが、これは上座部のそれとは意味が違い、根本真理である「空《くう》」を体得することをいいます。

阿修羅に話を戻しますが、阿修羅が常に戦っている理由は、帝釈天が娘と結婚したのが原因という神話のほかに、太陽や月の運行が自分の頭上を行くのに腹が立って、それを捕まえようとしたのが原因という神話もあります。

この戦いは、実は終わりがないのです。

帝釈天の配下には四天王をはじめ、天の大将軍の韋駄天《いだてん》、龍王や乾闥婆《けんだつば》、緊那羅《きんなら》、夜叉《やしゃ》といった眷属たち、日月五星《にちがつごしょう》や二十八宿《にじゅうはっしゅく》といった天体の神々も加わっていますから、相当なものですが、阿修羅は死なないのです。バラバラに切られても再生するのだそうです。

大体、神々の王さまである帝釈天のほうが強いのでしょうが、阿修羅にはこの再生能力があるため、決着はつきません。

『阿娑縛抄《あさばしょう》』という天台《てんだい》密教の書物には、毎月の十六日に

『大般若経《だいはんにゃきょう》』を読んであげると帝釈天軍が優勢になるとあります。

こうした手に負《お》えない存在の阿修羅を救済するのが、十一面観音です。

こうした存在を抑《おさ》えるには、帝釈天のように力だけではダメです。中東の宗教紛争のようなもので、やられればまたやり返すで、果てしなき繰り返しです。ある意味、神々と阿修羅の戦いは、そういった紛争や戦争というものの本質をいっているのかもしれません。

これを抑えるには、観音さまの十一の顔が必要です。十一の顔とは、相手の顔になってみる、相手の立場になってみるということです。

心理学のゲシュタルト療法のひとつに、「エンプティ・チェア」という技法があります。エンプティ・チェアは「空《から》の椅子《いす》」という意味です。

たとえば、自分がいま勤務している会社を辞めて独立起業することに、奥さんが、とても反対している。どうにもお互い対立構造で、この一件はなかなか収まらない……というような場合に使えます。

まず、二つの椅子を向かい合わせに並べて、自分はどちらかの椅子に座り、目の前にあるもう片方の椅子は空席にします。

そして、自分の椅子で、自分の言い分をいいます。次に向かい合わせの椅子に座って、奥さんになったつもりで言い分をいってみるのです。

大事なのは、場所を移動することです。つまり、座る位置を逆にすることで、実際に別な意見が見えてくるのです。

この繰り返しで、接点や妥協点を見出せてくるようになるのです。また、相手のいわんとすることや考えを理解するということもできてきます。

また、自分の中の矛盾する部分の解決もできます。自分の人格を賛成と反対に二分して、同じことをするわけです。

このように「相手の顔」になること、そしてそのために「自分の立場から離れる」ということが大事なのです。

自分の立場ばかり考えていては、相手のことは本当にはわかりません。わざわざ椅子から離れて動くのはそのためです。

実際、エンプティ・チェアでは、単に頭だけで相手ならどう考えるだろう……などという想像を超えたものが飛び出してきて、驚きます。

実に不思議です。

極端な話が、誰でも「霊媒《れいばい》」にでもなったかのように、相手の立場で相手の意見を話し出すことができるのです。

観音さまは、三十三変化身《さんじゅうさんへんげしん》といって、あらゆる存在に姿を変える力があると、『観音経《かんのんきょう》』（妙《みょう》法蓮華経《ほうれんげきょう》　観世音菩薩普門品《かんぜおんぼさつふもんぼん》）に説かれています。

この三十三変化身とは、相対《あいたい》する者への説法のためにあらわされるお姿なのですが、逆にいえば、まず相手の心に近づかねば、まことの説法も難しいということです。

エンプティ・チェアは、簡単にいえばその変化身、相手になることです。

十一面観音もそうした智慧の持ち主なればこそ、頑迷《がんめい》な阿修羅も、魔王であるビナヤキャ王も従えるのでしょう。

第二章　聖天《しょうでん》さまのお姿

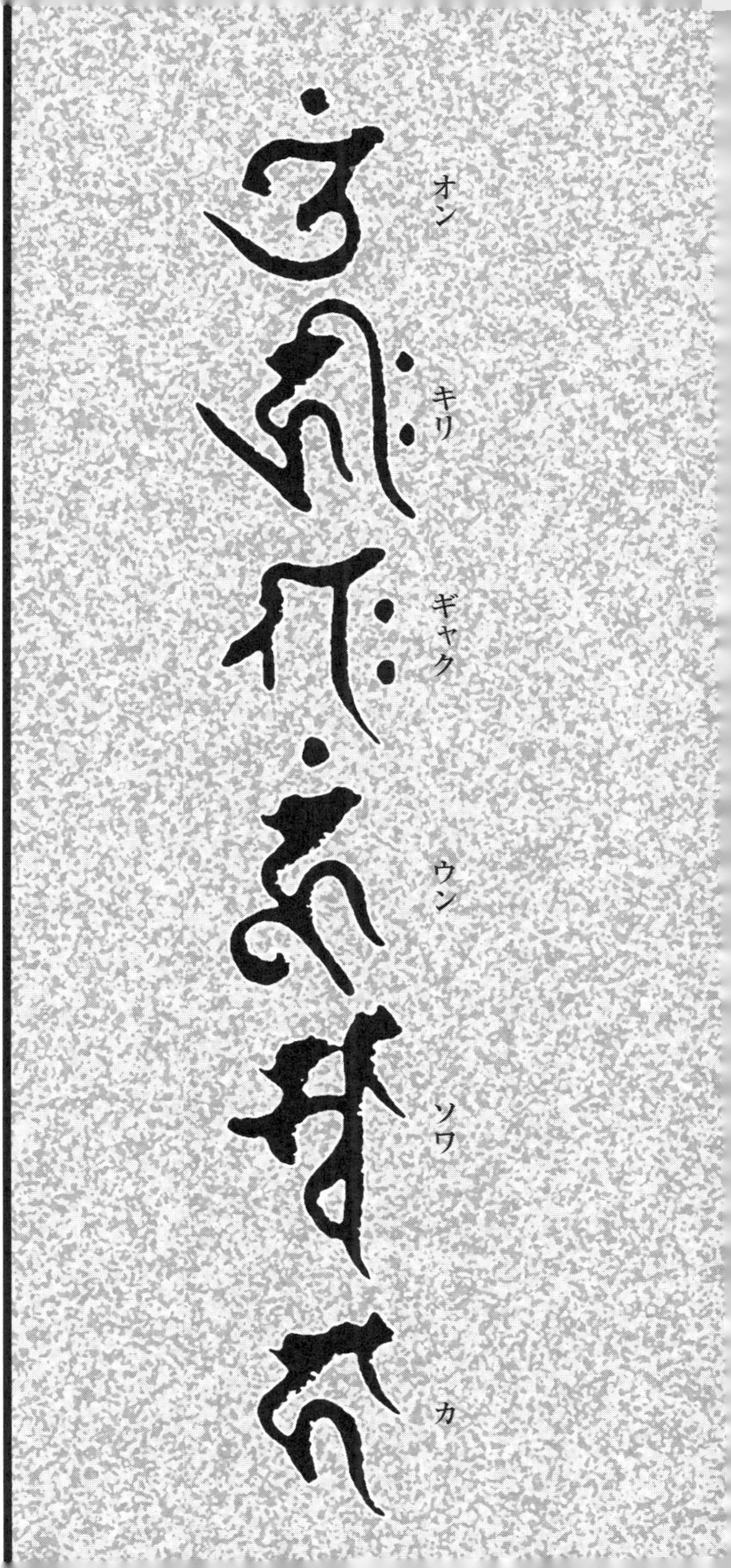

ご夫婦の神さま

前章にて、聖天さまはご夫婦の神さまといいましたが、したがってそのお姿も、夫婦二天が立ち向かい抱き合うお姿が一般的なのです。

それゆえ、聖天さまのお名前を丁寧に申し上げる時は、「大聖《だいしょう》歓喜《かんぎ》双身《そうじん》天王《てんのう》」といいます。ここにいう「双身《そうじん》」とは、お二人という意味です。

もちろん、二天ともゾウの頭をしています。なぜゾウの頭なのかは、前章でお話したようなヒンドゥー教の神話もあるのですが、密教経典では、「ゾウはその巨体ゆえに道に横たわれば誰も通れないが、よく調教者には従う存在であって、人のためにその大力を発揮するゆえに、そうした性格をあらわしてゾウの頭なのだ」と説明されています。

なお、聖天さまには、インドのガネーシャのように「単身《たんじん》」（お一人という意味）のお姿もあるのですが（単身の聖天さまについては後述）、日本の聖天信仰においては、ほとんど双身のお姿で信仰されています。

では、双身の聖天さまは、なぜ、抱き合っているのか？

この双身天（双身の聖天さま）のお姿を、男女の性交を営《いとな》む姿と見ることが多いようですが、私はそうではないと思います。

そこは、チベット密教などで見られる父母仏などとは、少々意味が違うと思うのです。

これはいわば、十一面観音《じゅういちめんかんのん》の化身である女天《にょてん》が、男天《なんてん》の魔王を抱いて、常にその魔性を抑《おさ》えて善導《ぜんどう》している姿なのだと思います。いわゆる「ハグ」をしている姿です。それを夫婦だからといって性的に交わっている姿と考えるのは、適当ではないように思うのです。

ただし、そうはいっても夫婦二天が抱き合う姿は、仏教の思想や日本の道徳的観念からいえば、やはり露《あら》わにすべきものではなく、無知のままにこれを見れば、何か妙な誤解を生みかねません。

性は密教ではとても神聖なものですので、とりわけ大切に扱われるべきものなのです。

そのために聖天さまは、「秘仏《ひぶつ》」という形態（お像を厨子《ずし》に入れて、一般の人には見えないようにする形態）でお祀《まつ》りするのが本義《ほんぎ》であるというのが、我が国の聖天信仰のならわしとなっています。

対するにインドなどでは、古来、「ミトゥナ像」という男女の交合《こうごう》像が、寺院などにも多く彫られていて、その点は日本とは明らかに性に対する感覚の温度差を感じます。

もちろん、夫婦というものは、そこに男女としても営みがあって当たり前ですから、双身天をそのような表現だと解釈しても、それがいやらしいとか不謹慎だととらえるのは、おかしなことです。

それでも昔は、このお姿から、そのように聖天さまをまるで邪教の神のようにあしざまにいう人はいたようです。

私はこのお姿は、必ずしも夫婦関係や性に限定せず、実は人と人とのあり方、さらにいえば仏と我々衆生《しゅじょう》とのあり方を、もっと広い意味で説いているものだと思っています。

たとえば人は、ありがたい出来事に出合《であ》うとか、神秘を感じると、自《おの》ずと両手を合わせる（合掌《がっしょう》する）ということをしますよね。

なぜなんでしょう。自然とそうなりますね。

キリスト教でも、やはり両手を組んでお祈りします。神道《しんとう》では、厳密には合掌というのはないそうですが、やはり体の前で杓《しゃく》を両手で持って神拝《しんぱい》します。

人は聖なるものに対しては、こういう、「中心への合一《ごういつ》の姿勢」を取るものなのでしょう。

これが実は、聖天さまのお姿に象徴されているのではないかと思うのです。

そう、左右の手は男天・女天の二天です。この二天が合わされば、つまり合掌です。

また、密教の神秘的な動作といわれる印《いん》は、ほとんど両の手で結びますから、その働きはすべて聖天さまに象徴されているのだと考えてもいいと思うのです。

つまるところ双身天のお姿は、仏教の合掌そのものであり、その心も、異なる別々なものが調和して一つになるという「和合《わごう》の祈り」のあらわれなのだと思います。

少々難しいお話をします。

密教ではこの双身天のお姿を、「胎蔵曼荼羅《たいぞうまんだら》」と「金剛界曼荼羅《こんごうかいまんだら》」という考え方でとらえています。女天は胎蔵界、男天は金剛界です。

密教では、「胎蔵界」とは宇宙の理《ことわり》をあらわし、「金剛界」は智慧《ちえ》をあらわしています。

そしてこの二つはバラバラではなく、相対的に存在します。つまり、一方だけというものではないのです。二つで一つ、真言《しんごん》密教ではそれを「理智不二《りちふに》」と表現し、天台《てんだい》密教では「蘇悉地《そしつじ》」つまり「妙成就《みょうじょうじゅ》」といいます。ですから普通、この世界を図示《ずし》した「両界曼荼羅」は、並べて祀《まつ》ります。

もちろん、胎蔵界と金剛界、それぞれの世界にはそれぞれの行法《ぎょうほう》がありますから、修法《しゅほう》上、どちらかだけの曼荼羅を道場に掛《か》けておくことはあります。

さて、昔の密教においては、こうした聖天さまのお姿の話ですら、専門の密教僧のあいだでしか語られませんでした。

ましてや、密教にかかわることなど口にはできません。

真言密教を標榜《ひょうぼう》する真言宗では、昔は一般向けのお説法などはあまりしなかったそうです。「真言秘密」といい、真理は語って理解するものではないという思想があるからです。

この考えは、密教的には基本的にはまったく正しいのですが、時代とともに密教もそのすべてが秘密のベールに隠されたものではなくなってきました。

むしろ、ちゃんと説明しないと、大きな誤解になることもあります。

現代は、昔とは環境がまったく違います。ある程度は説明しないと、いたずらな好奇心から、間違った目で聖天さまを見てしまうことも、ないとはいえません。

昔は、どんなに熱心な聖天信者でも、聖天さまのお姿など一切知らないままに一生を終えた人がほとんどでした。

聖天さまといえば、円筒形《えんとうけい》の厨子《ずし》に収まったまま、在家《ざいけ》信者の方にとっては永遠の秘仏だったのです。他の仏さまのように、ご開帳《かいちょう》というのは基本的にないのです。

私の師匠寺では、もう何十年も聖天信仰をしてこられた方が、聖天さまの本地《ほんじ》として祀られている十一面観音のお像を、ずっと聖天さまだと思っていたという話を聞きました。

でも、以前はそれでよかった。充分だったのです。

誰も聖天さまのお姿など知らないのです。市販の本でも、密教の専門家向けの『密教大辞典』

でもひもとかなければ、お姿の絵は出てきませんでした。

今はインターネットの普及などで情報網が発達していますし、人の好奇心もどんどん膨《ふく》らんでいますから、いつまでも知らないままでいいともいえません。ちなみに「聖天」というワードでインターネットで検索すれば、お姿の画像も出てきます。

そのような状況をながめて、聖天さまのお姿の本当の意味を解説する本も必要なのではないか……と考え、本書を執筆させていただいた次第です。

ただし、聖天さまのお姿を人の目から秘密にするという信仰形態は、そのまま現代でも変わりません。いくらそのお姿を知っていても、厨子を開いてむき出しにすることは許されないのです。

こういう祀り方のスタイルは、時代が変わったからなどといって軽軽《けいけい》に変えるべきものではないのです。したがって本書でも、お姿の画像は載せておりません。

なぜなら、そうした信仰のスタイルには、背後に古来から連綿《れんめん》と続いてきた信者や行者《ぎょうじゃ》の「集合無意識」があって、その中核に聖天さまの働きが展開しているからです。それを無闇《むやみ》に乱すことは許されません。

また、単に目を触れさせないということ以上に、「秘密」ということ、それ自体に深い意味があります。これについてはまたあとで触れましょう。

とにかく、もしこういう信仰のスタイルまで乱せば、霊験《れいげん》が失われるか、手酷《てひど》いしっぺ返しを食うことになります。

聖天さまは諸天《しょてん》の中でも、そのあたりが特にやかましくいわれてきた存在なのです。

権類《ごんるい》の天　実類《じつるい》の天

さて、十一面観音は聖天さまの女天の本地ということですが、男天の本地はどうでしょう。父神であるシヴァ（大自在天《だいじざいてん》）とか、金剛手菩薩《こんごうしゅぼさつ》など、諸説あるようですが、古来、前章でお話した仏教説話から、男天を「実類」（この「実《じつ》」とは、悟りを得ていない鬼神《きじん》という意味）、つまり本物のビナヤキャ王とし、女天を十一面観音の化身である「権類」（「権《ごん》」は「仮《かり》にあらわれた」という意味。完全な悟りを得ている仏の化身のこと）と考えることが多いようで、男天のほうの本地はあまりいいません。

このほか、真言密教の書『覚禅抄《かくぜんしょう》』などをみますと、女天も実類の鬼神と考え、男天の象頭に対して猪《いのしし》の頭につくったりしたこともあったようです。

私が、現・園城寺長吏《おんじょうじちょうり》（天台寺門宗管長）であられる福家英明大僧正《ふけえいめいだいそうじょう》からお授け頂いた「聖天浴油供《よくゆく》」の行法には、その発願文《ほつがんもん》に「象頭猪頭　夫婦二天」とあり、園城寺にはその昔に猪頭の天と象頭の天の夫婦像があったことがうかがわれます。ちなみに、猪頭の女天の正体は鬼子母神《きしもじん》であるとする説もあるようです。鬼子母神は五百の子がいますので、多産の猪に譬《たと》えたのかもしれません。

また、男天女天ともに権類（完全な悟りを得ている仏の化身）とする説もあります。

なお、聖天さまの像は、普通、女天が右手前になるようにつくるのだとされますが、逆バージョンの男天が右手前に出ているスタイルもけっこうたくさんみられます。

また、面白いのは「権実《ごんじつ》の聖天さま」（女天が権類、男天が実類）の像は、権類の女天が実類の男天の足の甲《こう》を踏んでおり、それに対して「倶実《くじつ》」（両方とも実類）や「倶権《くごん》」（両方とも権類）の像では、お互いの片足で踏み合う形になるといいます。

でも、これは、あまり意識して厳密にそのようにつくることはないようです。

おそらく、この「踏む」ということによって、相手を抑える意味をあらわしているのでしょう。

ちなみに、私が普段もっとも拝《おが》んでいる聖天さまの像は、男天女天とも六本の牙があり、男天の本地はおそらく普賢延命菩薩《ふげんえんめいぼさつ》をあらわしています。普賢延命菩薩は六牙《りくげ》の白象《びゃくぞう》に乗り、聖天さまともゆかりの深い仏さまです。つまり、私の拝んでいる聖天さまの像は、「倶権」（両方とも権類）

ということになります。

少し話がややこしくなってきたと思いますので、整理しましょう。聖天さまの双身像には、今述べたように、

① 男天女天、両方とも実類の神である「倶実《くじつ》の天」

② 女天が十一面観音の化身の権類、男天が実類のビナヤキャ王である「権実《ごんじつ》の天」

③ 女天が十一面観音の化身の権類、男天も金剛手菩薩（または普賢菩薩、普賢延命菩薩）の化身の権類である「倶権《くごん》の天」

の三種類があると、伝統的に考えられているのです。

とはいえ、厳密にいえば、実類といわれている天尊《てんそん》（聖天さまの尊称）であっても、仏教信仰をお持ちであるがゆえに我々の願いに感応《かんのう》してくれるのですから、そのような方が、仏教とは無縁の魔神であるはずがありません。いってみれば、すべて権類の天なのです。

つまるところ、権類だの実類だのといっても、いずれも我々のためにあらわされたお姿であることは間違いないのです。

真に実類の魔神であるなら、我々を救う誓願《せいがん》などはじめからないのですから、いくら祈願しても無駄ということになります。

ただし、実類とされる天尊は、より強烈な性格を表にあらわした天尊であるということはいえましょう。

行者がご祈祷《きとう》する場合は、倶実の天はなかなか気難しく、その扱いも難しいが、強い力があって激しい霊験をあらわし、権実がその中間、倶権は拝みやすいが霊験もおだやかであるといいます。

単身《たんじん》のお姿

聖天さまには、双身のお姿とは別に、インドのガネーシャのような単身のお姿もあります。

密教ではほとんどの場合、これは男天のお姿と考えます。

実際の本尊を単身天としつつ、後に詳しく述べますが「欲油供《よくゆく》」という祈祷作法のために別に双身天のお像が用意されているお寺もあります。

また、「水歓喜天供《すいかんぎてんく》」という作法があります。これはようするに十一面観音のお像にお水を注《そそ》ぎ、そのお水を今度は聖天さまのお像に注ぐのです。そしてその水を、最後は行者や信者が身に注ぐと、いろいろな障難《しょうなん》が払われるというものです。

この水歓喜天供に使われるのは単身像です。大体が四臂《しひ》（腕が四本）か六臂《ろっぴ》（腕が六本）で、さまざまな武器に加えて好物の大根や「お団《だん》」（歓喜団）といわれるお菓子を持っています。

こういうとインドのガネーシャ像のようですが、日本の単身像では「金山《きんざん》」や「荷葉座《かしょうざ》」という蓮《はす》の葉に乗ります。これは仏・菩薩が蓮華座《れんげざ》に乗るのに準じて乗るもので、仏教の尊像《そんぞう》である一つの証《あかし》です。現代のインドから輸入品で来たガネーシャ像では荷葉座に乗ったものは見当たりません。

また、昔の日本や中国の人はゾウという生き物を図でしか見ていないので、聖天さまのお像は、実際のゾウとは異なり、人間のように耳の内側が外に向いています。これは単身像・双身像どちらもそうなっています。日本製の尊像は、皆そうなっています。

本物のゾウは、耳の穴は内側に隠れて見えません。インドのガネーシャは、日常的にゾウのいる国の神さまなので、日本や中国に比べれば実際のゾウに近いお姿になっています。

また、ガネーシャの眷属《けんぞく》（従者）はネズミです。インドにはしばしばガネーシャがネズミに乗った姿であらわされている像がありますが、そもそもインドの神々は「ヴァーハナ」（インドの言葉で「乗り物」という意味）といって、なにがしかの動物に乗ります。

しかし、密教の聖天さまには、単身であれ双身であれ、ネズミに乗ったものは見当たりません。

また、ガネーシャは、片牙《かたきば》なのも特徴です。これはガネーシャが転《ころ》んだのを嗤《あざわら》った月に自分の牙を折って投げつけたとも、神々同士の戦いで折れたともいいます。ちなみに月が満ちたり欠けたりするのは、この時怒らせたガネーシャの呪いだともいいます。

これに対して日本の聖天さまの単身像は、両牙がある姿でつくられるのがほとんどですが、片牙の姿でつくられる作例もなくはありません。

この片牙の姿の聖天さまは、しばしば「大自在天」とよばれます。本来の大自在天は、ガネーシャの父神であるシヴァのことであり、聖天さまとは別の神です。

しかるに日本には、聖天さまの男天は大自在天であるという信仰があり、単身で片牙の姿の聖天さまを「大自在天」であると考える思想があったようです。

この大自在天としての聖天さまは、前述の「倶実の天」よりもさらに扱いが難しいとされます。この天尊を祀るところには、必ず十一面観音が安置されています。天尊の強すぎる力を抑えるという意味があるのでしょう。要するに、双身天を男女二つに分けた考え方なのでしょう。

歓喜童子《かんぎどうじ》

こうしたお姿以外に、日本でできた独自の聖天さまのお姿があります。

それは「歓喜童子」という、聖天さまの化身とされる神さまです。真言宗の聖天行者である以《い》空上人《くうしょうにん》（十七世紀の僧）が「感得《かんとく》」されたお姿です。感得とは、行者が霊感によって神仏のお姿や教えをとらえることです。

以空上人が歓喜童子という新しい神さまを勝手につくったのではなく、聖天さまのほうから、以空上人の霊感を通じて歓喜童子というお姿をあらわしたと考えてください。

歓喜童子は可愛らしいお童子さんで、頭の上に二体の象頭を乗せ、手は四本で、宝棒《ほうぼう》、槍《やり》そして聖天さまの好物の歓喜団というお菓子と大根を持っています。

以空上人は江戸初期の高僧で、聖天さまのことを詳しく紹介した『寵誓伝《ちょうせいでん》』という聖天信仰上で有名な書物を著《あらわ》しました。木食行《もくじきぎょう》といって木の実や野生の植物などを食べて苦行《くぎょう》した人として知られています。京都・山崎の観音寺や香川県の八栗寺《やくりじ》は、聖天さまの霊場として有名ですが、いずれも以空上人ゆかりの霊場です。

歓喜童子はそういうわけで真言宗の以空上人にはじまりますが（異説として箕面《みのお》の西江寺《さいこうじ》を最初とする説もあります）、今では真言宗の寺院に限らず天台宗の寺院でも稀《まれ》に見られる存在です。

第三章

聖《しょう》天《でん》さまのご利《り》益《やく》

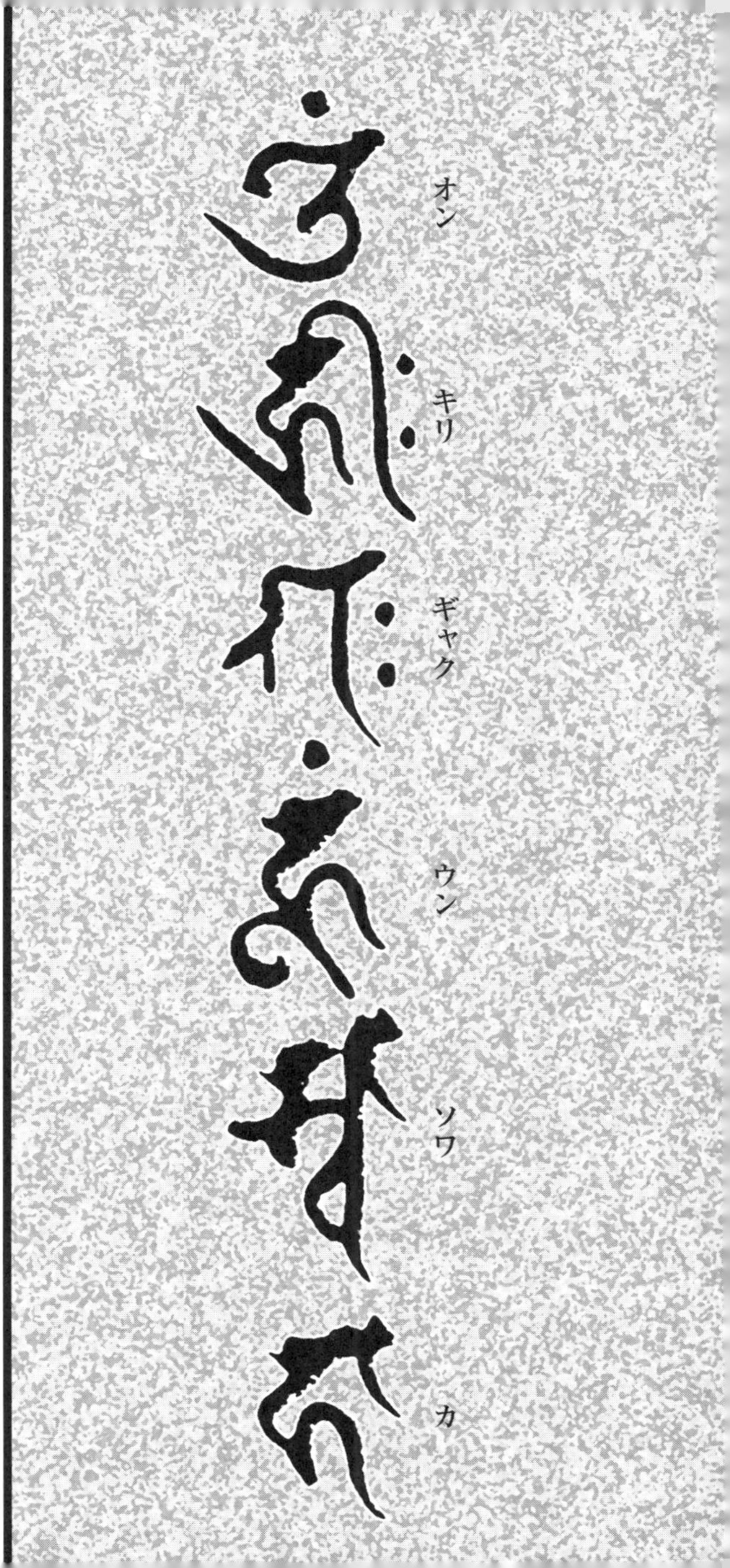

聖天さまの人気の秘密

『夢をかなえるゾウ』のモデルであるガネーシャは、我が国でいう聖天さまですが、やはり幅広いご利益が期待されています。

東京近郊の人にはいまひとつ関西ほどには知られていない感じですが、関西圏《けん》では聖天さまといえば知らない人はいない福の神です。

関西の人にとって聖天さまをお祀《まつ》りしているお寺は、「関西で商売をはじめたら必ずお参りに行くところ」とまでいわれる存在です。

つまり、関西で聖天さまは、「商売の神さま」として有名なのです。

そういえば『夢をかなえるゾウ』でも、ガネーシャは関西弁でしゃべっていましたね。どこかそういう含みがあるのかもしれません。

大商都大阪では、「西宮《にしのみや》の戎《えびす》さん」と人気を二分するのが、「生駒山寶山寺《いこまさんほうざんじ》の聖天さま」をはじめとする聖天信仰です。皆お参りする方は熱心で、お百度《ひゃくど》参りなどする人も後をたちません。

どこの聖天さまもそうですが、これだけ熱心な信者さんが多いのはわけがあります。それは聖天さまが、どのような難しい願いでも必ず叶えてくれる特別な存在であると、深く信じられているからです。

人気の点では、関東でいえばちょうどお稲荷《いなり》さんがそんな感じですが、どこかお参りがより一層真剣な感じがするのもそのためでしょう。

お稲荷さんのような親しみやすさに加えて、「厳粛《げんしゅく》さ」も感じるのです。

実際、聖天さまのおかげで実際もうダメだろうと思っていた会社がもち直したり、儲《もう》けが年々倍々《ばいばい》になったなどという話も聞きます。

また、「商売の神さま」としての聖天さまに次《つ》いで人気があるのは、「縁結《えんむす》びの神さま」としての聖天さまです。

聖天さまはご夫婦の神さま、和合《わごう》の天尊《てんそん》といわれていますから、当然、縁結びの祈願には期待が集まります。

そのほか、子授けや健康祈願、病気平癒《へいゆ》、また何によらずなかなか叶わないとなると最後の手段で頼るのが聖天さまです。

私の師匠は白戸《しらと》快昇《かいしょう》という聖天行者《ぎょうじゃ》でした。私は大学に入ってすぐにこの方の弟子となったので、ずっと聖天さまにも付き合ってきました。

白戸快昇師匠は愛媛《えひめ》の人で、祈祷《きとう》の達者《たっしゃ》（達人）として、知る人ぞ知る人でした。不肖の弟子である私も二十六歳から時間だけは長く人さまのご祈祷をしていますが、今でもこの師匠の域にはとても及びません。

師匠は十三歳から愛媛の石鎚山《いしづちさん》で修験道《しゅげんどう》を修め、その後は天台宗《てんだいしゅう》の総本山である比叡山《ひえいざん》に行って、ながらく御山《おやま》にいた人です。

比叡山から下山《げざん》したあとは、東京の大井町《おおいまち》にある大福生寺《だいふくしょうじ》（通称「大井《おおい》聖天」）というお寺で住職をつとめました。江戸時代に建立《こんりゅう》された、松平定信公《まつだいらさだのぶこう》ゆかりのお寺です。ご本尊は聖天さまの本地仏《ほんじぶつ》である十一面観音で、聖天さまは本尊とは別にお祀りされています。

松平定信は、田沼意次《たぬまおきつぐ》によって起こされたバブル経済が崩壊したあとの江戸で、「享保《きょうほう》の改革」をおこなった老中として有名ですが、この人も熱心な聖天信者です。

歴史上の人物に聖天信者は多く、皇族では後醍醐《ごだいご》天皇、宇多《うだ》天皇の妃となった藤原胤子《ふじわらのたねこ》、霊元《れいげん》天皇、東山《ひがしやま》天皇、中御門《なかみかど》天皇。武家《ぶけ》では斎藤実盛《さいとうさねもり》、前田利家《まえだとしいえ》、豊臣秀吉《とよとみひでよし》、徳川家康《とくがわいえやす》、先ほどの松平定信、徳川綱吉《つなよし》の母である桂昌院《けいしょういん》。商人では淀屋辰五郎《よどやたつごろう》、紀伊国屋文左衛門《きのくにやぶんざえもん》、高田屋喜兵衛《たかだやきへえ》、近くは川崎造船《かわさきぞうせん》の川崎正蔵《しょうぞう》、三井《みつい》家の祖三井高利《たかとし》をはじめ住友《すみとも》家、鴻池《こうのいけ》家などの有名商家。ほかにも伊藤博文《いとうひろぶみ》や福沢諭吉《ふくざわゆきち》などの人々も知られています。

僧侶では聖天さまを最初に日本にもたらした真言宗《しんごんしゅう》祖・弘法大師空海《こうぼうだいしくうかい》、天台宗で初めて聖天さまを将来《しょうらい》した慈覚大師円仁《じかくだいしえんにん》、真言宗中興《ちゅうこう》の祖・興教大師覚鑁《こうぎょうだいしかくばん》、真言宗子島《こしま》流の祖・真興上人《しんごうしょうにん》、木食《もくじき》行者の以空《いくう》上人、同じく木食行をされた生駒の湛海律師《たんかいりっし》、伏見稲荷別当《ふしみいなりべっとう》であった愛染院《あいぜんいん》の天阿《てんあ》上人、聖天と尊勝陀羅尼《そんしょうだらに》の法をもって明治帝のご誕生を祈祷した幕末の傑僧《けっそう》・願海阿闍梨《がんかいあじゃり》などがあります。

また、大井聖天で出された、『聖天信仰の手引き』『大聖歓喜天利生記《だいしょうかんぎてんりしょうき》』という二つのご本があります（今でも扱っています）。これらのご本の著者は、熱烈な聖天信者として知られた林屋友次郎《はやしやともじろう》博士（一八八六〜一九五三）という方です。

石川県の出身で、慶應義塾《けいおうぎじゅく》大学卒。実業家として東京鋼材《こうざい》社長をつとめたのち、私の母校である駒澤《こまざわ》大学で仏教学者として教授をつとめられました。ほかに『経録《きょうろく》研究』『異訳経類《いやくきょうるい》の研究』などを著《あらわ》されました。私も在学中、当時学長だった水野弘元《みずのこうげん》博士の講演で、聖天信仰と林屋博士についてのお話が出たのを覚えています。

私が密教占星術で調べてみたところ、この方は生来の財運は良くないのですが、聖天信仰によってそれを見事に転じておられ、実業家として成功されました。聖天信仰には、生来の運を変える力があるのです。

私は若いころから大福生寺で、聖天さまがさまざまな霊験《れいげん》を示されるのをずっと見てきましたが、実に不思議です。「こんなことも叶うのか！」と、驚愕《きょうがく》するようなこともたびたびありました。

古来、聖天さまの法は「効験《こうげん》、地に堕《お》ちざる法」といわれる所以《ゆえん》です。

「効験、地に堕ちざる」とは、祈れば必ず応えてくれるのが聖天さまのご祈祷法ということです。

聖天さまの人気の秘密も、これに尽きるといっていいでしょう。

私の師匠が実際扱ったご祈祷で、こんな話がありました。

耳の聞こえないお子さんがいたというのです。その方が、親子でご祈願に来られた。

大体の方は普通そういうことは容易には治らないと思っておられるから、耳のことで来られたのではないかもしれませんが、何でも遠く四国か九州のほうからいらした方のようでした。

師匠が、その親子のために聖天さまにご祈祷し、そのご祈祷が終わって「打ち鳴らし」（仏壇のお鈴《りん》のような、音のする仏具）をカーンと打った途端《とたん》、本堂の柱にお子さんがやおらしがみついたそうです。

なぜなら、打ち鳴らしのカーンという音が突然聞こえたため、ビックリしたのです。このお子さんが生まれつき聴覚が不自由なのか途中からなのかは分かりませんが、とにかく音というものを久しく聞いていていない。それが急に聞こえるようになった。だから驚いたというのです。

もちろん、誤解のないように申しておきますが、そういう方が聖天さまにご祈願すれば必ず治るということではないと思います。むしろこれは奇跡の類《たぐい》で、ごく稀《まれ》なことでしょう。しかし、ともかく、この親子は聖天さまとご縁《えん》があり、「感応《かんのう》」（神仏が霊的に応えてくれること）があったのです。

また、「財」についての祈願は、聖天さまがもっとも期待されるものです。

ある会社の社長さんは、聖天信仰をはじめて三年間で毎年連続、前年の十倍の税金を納めるようになり、嬉しい悲鳴をあげたという話も聞きました。

私が最近扱った例も、一つ紹介しましょう。

これは行方不明者を見つけるためのご祈祷でしたが、およそ四ヶ月ほど聖天さまにお祈りして、今回で一応一区切《ひとくぎ》りだなと思い、「結願《けちがん》」（祈願に一区切りつけること）することにしました。これは私独自の考えですが、物事には周期があります。

一ヶ月拝《おが》んで祈願の結果が出ない場合は四ヶ月、四ヶ月で駄目なら七ヶ月、十ヶ月、十三ヶ月という期間でお祈りするのが効果的だと思います。

さて、結願の日のことです。その人のいとこが拙寺《せつじ》に別件で来る途中で偶然、車の中から外で働いているその方らしき人物を見つけたといってきました。そこで後日、探して訪ねていったら、なんとやはり失踪したご本人でした。

こういった、まったく奇跡としか思えないことも、時として起こるのが聖天さまの信仰なのです。

この前も、ある東京の有名な聖天さまのお寺にお参りした人が、「東京の〇〇に聖天さまっていうのがありますよね。あれってなんかまずい神さまですかね?」と聞いてきました。「まずいことないですよ。なぜですか? うちでもお祀りしていますし……」というと、なんでもあまりにも思ったとおりに願いが叶うので、よくわからないけど「何かしらまずいのではないか」とまで思ったらしいのです。

いわゆる「恐いくらいに叶う」ということでしょう。

だからこそ聖天信仰は、大変根深い人気があるのだといえましょう。

興教大師覚鑁(一〇九五〜一一四三)は、聖天信仰と出合えたご縁について、『聖天講式《こうしき》』という著述の中で、「機縁《きえん》の至り感涙抑《おさ》えがたし」とまでいわれていますが、まことに聖天信仰に出合えることは、誰にでもあることではなく、恵まれた特殊なご縁といってもいいかもしれません。

聖天さまのことが書かれてある密教経典『大聖歓喜天使呪法経《だいしょうかんぎてんしじゅほうきょう》』には、「上品《じょうぼん》(上等であること)に我《われ》を持《たも》つ(信仰心を保持し、供養《くよう》などをおこなうこと)ものには、我、人中《にんちゅう》の王たるを与え、中品《ちゅうぼん》(中等であること)に我を持つものには、我、帝《みかど》の師たるを与え、下品《げぼん》(下等であること)に我を持つものには、我、富貴無窮《ふうきむぐう》なるを与えん」といいます。

この上・中・下の供養については、また項を改めて申します。

加《か》すまじきに加する

このように霊験あらたかな聖天さまですが、ただ祈願が叶うというだけではありません。前述の『聖天講式』には、「加すべきに加するは余天《よてん》の通願《つうがん》。加すまじきに加するはただ大《だい》聖天の別《べち》願《がん》に限れり」とあります。

「加すべきに加する云々《うんぬん》」とは「救うべき者を救うのは、他の神々も等《ひと》しくおこなうところである」という意味で、「加すまじきに加する云々」とは「救いようのない者を救うのは、聖天さまだけである」という意味です。

だからこそ、聖天さまに期待が集まるのです。

聖天さまは、「大日如来《だいにちにょらい》の最後の方便身《ほうべんしん》」ともいわれます。つまり、密教の最高仏・大日如来が、もっとも救いにくい人を救うためにあらわした姿ということです。

大日如来は、この宇宙の「理仏《りぶつ》」（真理の法則そのものの仏）ですが、心がないわけではないのです。

この宇宙には、すべての生き物を生かそうとする「慈悲《じひ》」が遍満《へんまん》しているというのが、密教の考えです。大日如来は宇宙そのものですから、すべての生き物を生かそうとする慈悲そのものでもあるのです。

その宇宙が生み出した「慈悲のかたまり」というべき最強の守護神が、聖天さまなのです。

しかし、この「加すまじきに加する」を読み誤ってはなりません。

確かに聖天さまのご利益はとても具体的なものが多く、その霊験に驚かされること多々です。

でも、「どんな無理無体《むりむたい》な願いでもきいてくれる」と思うのは、大きな過《あやま》ちです。

まことの神仏は、道理に合わないことはしないものです。それが、ただの一度であっても。

聖天さまにお祈りすると、確かに最初は「こんな願いも叶うのか！」と驚かされることもあります。

でもそれは、聖天さまが霊験の確かであることを、まず最初に我々にお示しになられるからなのです。

そこはとても気前《きまえ》のいい神さまなのです。

聖天さまは、百遍《ひゃっぺん》あるいは千遍《せんべん》お参りしなきゃダメとか、寒中の水垢離《みずごり》や断食《だんじき》のような苦行《くぎょう》を重ねないとダメとかはいいません。

しかし、それをいいことにドンドン甘えて無理無体をいうことは、聖天信仰にありがちな大きな間違いなのです。

本当は、聖天さまの霊威《れいい》(霊的なちから)を感じたら、その霊威の源《みなもと》となっている仏道の素晴らしさを思って、仏道への信仰に心を向けるべきなのです。

霊験を頂《いただ》いたら、霊威を感じて仏道への信仰に心を向けるか、それとも、さらに貪《むさぼ》りをたくましくしてどんどん無理な願いをいうかは、その人の「品性《ひんせい》」の問題です。

品性とは、まず貪らぬこと、みずからを慎《つつし》むべきであると知ることによってのみ生まれます。「上品《じょうひん》」という言葉は、本来は「上等である」とか「非常に良い」という意味の仏教語ですが(仏教語としては「上品」は「じょうぼん」と読みます)、転じて皆、おしなべて適度に抑えられたものをいうのです。

故に、極端に濃い味つけやただ原色だけの色合いを、あまり上品とはいいません。臆面《おくめん》もなく人前で大声で笑ったり、乱暴な言葉でしゃべったり、だらしない格好をすれば、品性を失うことになります。

これらは一人で自宅にいる時などは、どうということのないものかも知れませんが、要は人への気遣《きづか》いの有無が慎みの基であり、その品性を定めるのです。貪りのままにふるまって、品性が保てるわけはありません。

つまるところ「加すまじきに加する」とは、そもそも筋道をたがえた無理無体なことを叶えるという意味ではないのです。これはどんなに難しいと思われることであっても叶えるという意味なのです。

「無理なこと」と「難しいこと」とは違います。

難病などを治してほしいという願いは、「難しいこと」かもしれませんが、「無理なこと」ではないでしょう。一言すれば、ここにいう無理とは、「道理でない」ということです。

もっとハッキリいえば、仏道の教えに反することをいいます。

ですから、「医学的に無理」というようなことでも、聖天さまの目から見れば、必ずしもそのすべてが無理とは限りません。そこは希望をかけて拝んでみる価値はあるのです。

これとは逆に、たとえば、ある異性を一方的に好きになったから、ぜひ交際したい。でも配偶者がいる人なので、その配偶者と別れさせてほしい……などという祈願は、道理から外れた「無理」というものです。

聖天さまは強力な天尊ですが、あくまで「護法善神《ごほうぜんじん》」（仏法を護る善神）であって、もう魔王ではないのです。ここのところは、よくよく心得ておかないといけません。

護法善神に、無理無体つまり社会的にどうかと思われることや悪事などを願っても、叶うわけがありません。

たまに、「聖天さまは出自が魔王だから、悪事だろうが何だろうがなんでもきいてくれる」などという人がいるのですが、それは聖天さまを冒涜《ぼうとく》する言葉以外の何物でもないでしょう。

聖天さまは、確かに、私たちの願いを「何でも叶える」とおっしゃいますが、それは私たちの「我《が》」の心をむき出しにするための方便なのです。なんでも叶うといわれると、往々にして、私たちの「我」はむき出しになります。

そうでないと人間は、仮面を被《かぶ》ったまま生きていきます。

社会的にはそれも大事ですが、本当の自分の心さえわからなくなっては、悟りもヘチマもありません。

一体あなたは、何を願いますか？　それを願うあなたは、あなた自身から見て、どう思いますか？　そして聖天さまから見て、どう思われるでしょう？

何でも叶うと知ったら、そこに人間の本当の姿があらわれます。

人としての品性があらわれるということです。

そして、願ったことの責任を受け取る者は、自分以外にはいません。

聖天さまは、そういうことを我々に突きつけてきます。

その意味で、こんな恐い神さまはありません。

その結果をもって、自《おの》ずから悟らしめる。それが聖天さまの真の役割なのです。

宝くじで大金が当たったら、どうなりますか？　傲慢《ごうまん》な人間になったり、遊びほうけて身を亡ぼす人もいれば、有効活用できる人も、はたまた世の中のために役立てる人もいます。

聖天さまのご利益も同じです。

大きな力を持てば、その人のすべてはクローズアップされます。

たとえばアドルフ・ヒットラーは、画家になりたかったそうですが、彼が終生画家であれば、ホロコーストの悲劇はなかったでしょう。

また、優秀で善良な人であっても、力を持たずに朽ちていく人はいます。

「でも、どんな願いが仏道に反しているのか？　無理無体とされることなのか？　よくわからないです」という人もあるでしょう。だからこそ仏道を知ることが必要なのです。

けだし仏教の信仰は、ただお賽銭《さいせん》やお供物《くもつ》をあげてひたすら願い事をすればよいというものではないのです。

次章では、仏道に照らして、どんな願いが良くてどんな願いが悪いかということを、お話ししましょう。

第四章 仏教の「戒《かい》」の大切さ

「戒」が説かれない礼拝《らいはい》作法

前章で問題となった、「どんな願いが良くて、どんな願いが良くないのか」については、仏教の「戒」（戒律、戒《いまし》め）の教えにたずねればはっきりします。

仏教にはいろいろな戒があり、その多くは出家した僧侶や専門的な修行者に向けたものですが、在家の一般信者が守るべきとされる戒ももちろんあります。

それは「五戒《ごかい》」といって、次のようなものです。

不殺生《ふせっしょう》……殺すこと
不偸盗《ふちゅうとう》……盗むこと
不邪淫《ふじゃいん》……よこしまな性行為にふけること
不妄語《ふもうご》……ウソをいい、人を欺《あざむ》くこと
不邪見《ふじゃけん》……因果論《いんがろん》を否定すること

（五戒の最後は不邪見ではなく「不飲酒《ふおんじゅ》」ではないか、と思われた方もいらっしゃると思いま

すが、ここではあえて不邪見としています。これについては後述)

この五戒はお釈迦さま在世《ざいせ》の時代以来、仏教に帰依《きえ》する者の「最低限の決まり」とされており、仏教信者ならば当然、守ることが要求されます。また本来は、ただ守るだけではなく、自分が尊敬できる僧侶に「授戒《じゅかい》」(または受戒《じゅかい》)という儀式をやってもらい、その僧侶に「五戒を守ります」と誓うことによって、正式な仏教徒となります(ただし日本仏教では、戒に対する考え方が宗派によってまちまちであるため、必ずしも五戒を受けていなくても仏教徒を名乗れるのですが、煩雑《はんざつ》になるためここでそれを掘り下げることはしません)。

また、密教においては、これら五戒に、さらに次の五戒を加えた「十善戒《じゅうぜんかい》」を重視します。

不綺語《ふきご》……大げさや飾り立てたウソをいうこと
不悪口《ふあっく》……人を悪しざまにいうこと
不両舌《ふりょうぜつ》……人を争わせる虚偽《きょぎ》の物言《ものい》いをすること
不慳貪《ふけんどん》……貪《むさぼ》らぬこと
不瞋恚《ふしんに》……怒らぬこと

聖天《しょうでん》信仰も仏教信仰の一つですから、このような十善戒や五戒の教えから外れるようなことは、よろしくありません。

しかるに、古来、聖天さまの「礼拝作法次第《らいはいさほうしだい》」（信徒がお参りする際の作法のやり方や唱えるべきお経の文言などがまとめられている小冊子。以下、礼拝作法）の中では、このような戒の教えは、あえて抜かれてきました。

聖天信仰は密教ですので、本来ならば、礼拝作法には十善戒が書かれてあるべきなのですが、書かれていない。五戒さえ書かれていない。

これはどうしてなのでしょう。

実は、正直な話、聖天信仰には長い間、前章でいったような「無理無体《むりむたい》」な祈願もされてきた側面があるからなのです。

極端な話、誰かを殺してほしいなどという願いも、密《ひそ》かにかけられてきた歴史があるのです。相手に恨みがあるとは限りません。人によっては商売敵《がたき》や恋のライバルの滅亡をも、そうやって祈ってきたのです。

もちろん聖天さまを祀《まつ》るお寺としては、信者が聖天さまにそのようなことをお願いするのはやめてほしいのですが、信者が行者にどんな願いであるかをいわず密かにお祈りする場合は、何をお願いしているのかわからない。それは今も昔も変わりません。

これが「ご利益《りやく》信仰の闇」というものです。昔に比べ、人の生活様式はもっと複雑ですから、むしろその闇は現代のほうが深いのかもしれません。

私の師匠の寺（東京都大井町《おおいまち》にある天台宗大福生寺《てんだいしゅうだいふくしょうじ》、通称「大井《おおい》聖天」）に、こういう人が一時期来ていたといいます。「悪人退散」のような祈願を、いつもたくさん頼んでいくのです。

なぜ、そんなにしなくてはいけないのか？

実は、あとでわかったのですが、当人がこれまで詐欺《さぎ》のようなことを数多くはたらいており、人に恨まれて追われていたのです。「悪人退散」が聞いてあきれます。

そのことは、あとで週刊誌に詐欺まがいの怪しい人物として掲載され、初めてわかりました。当然、寺では出入り禁止になりました。

そういう人もいます。

前章でも述べたとおり、聖天さまは、私たちの「我《が》」をむき出しにするための方便《ほうべん》として、「何でも叶える」とおっしゃいます。その方便ゆえに、聖天さまの礼拝作法からは、あえて戒の教えが抜いてあったのだと思います。つまり、「何でも叶える」というのはあくまでも聖天信仰の「入り口」であり、「我」をむき出しにして聖天信仰に入門したら、仏道に反しない「正しい祈願」へと心を向けなければならないのです。

でも、いつしか、「何でも叶える」の部分ばかりが強調されるようになってしまい、礼拝作法からも戒の教えが抜かれたかたちで定着し、伝統化したのではないでしょうか。

このような状況に対して、聖天行者《ぎょうじゃ》であった私の師匠は、「聖天さまの礼拝作法には、伝統的に十善戒がないが、その代わりに……」と、「五つの約束」というのを信者さんに提唱していました。それは、「怒らない」「貪らない」「愚痴《ぐち》をいわない」「素直であれ」「正直であれ」の五つです。

「怒らない」「貪らない」「愚痴をいわない」の三つは、仏教で根本的な煩悩《ぼんのう》として説かれる「貪《とん》・瞋《じん》・痴《ち》」の三毒《さんどく》に対応します。

「素直であれ」と「正直であれ」の二つは、『法華経《ほけきょう》』の「如来寿量品《にょらいじゅりょうほん》」の中にある「柔和《にゅうわ》質直者《しちじきしゃ》　即皆見我身《そっかいけんがしん》」という偈文《げもん》から出たもので、「柔和であり、かつ素直で正直な者は皆、仏にまみえることができる」ということからあげられたようです。このあたりは、『法華経』を依《え》経《きょう》（教義の根拠となるお経）として信仰する天台宗らしいあり方といえるでしょう。

そして師匠は、「この五つの約束を破ったら、必ず声に出して聖天さまにお詫《わ》びしなさい」と諭《さと》していました。

実際、これをお誓いして、破ってしまっても詫びないでいると、聖天さまから「催促《さいそく》」が来ました。

「大したことじゃないと思っていたが、お詫びするまではなんとなく気が騒いで、寝つけませんでした」という話をした信者さんがたくさんいます。

それでも、声に出してお詫びすると、そのような「催促」がピタッと止まるのが不思議です。礼拝作法に戒の教えが書かれていないとしても、このような約束をすることは、きわめて意味があることです。

なお、拙寺《せつじ》（私が住職をつとめる金翅《こんじ》鳥院《ちょういん》）では、あえて従来のあり方を破って、聖天さまの礼拝作法に、五戒を加えています。

そして聖天さまを信仰される方には、必ずこの五戒を受けて正式な仏教徒になっていただいています。

以前、川崎大師《かわさきだいし》さま（神奈川県川崎市にある真言宗《しんごんしゅう》智山派《ちさんは》の寺院）にお参りに行ったところ、まず参拝者に「三帰依戒《さんきえかい》」（五戒と同様、仏教徒の基本とされる戒）が授けられてからお護摩《ごま》が焚《た》かれるということを知って、非常に感動しました。

仏教の祈願は、そうでなくてはならないのです。

とはいえ、戒が抜かれた伝統的な聖天さまの礼拝作法も、安易に否定してしまうのではなく、先人の深い思惟《しゆい》によってそのようなかたちになったとも思います。戒が抜かれた礼拝作法自体が悪いのではなく、戒が抜かれているからといって無理無体な祈願をすることが悪いのです。

私は仏教の基本にこだわるほうなので、拙寺の聖天さまの礼拝作法には五戒を加えましたが、仏教の戒の何たるかがわかっていれば、従来の礼拝作法でもよいと思います。

五戒とは

ではここで、五戒のそれぞれについて、詳しくみていきましょう。

【不殺生《ふせっしょう》】

不殺生とは殺さないことであり、殺人などはもちろん論外です。

人間のみならず他の動物に対しても、無益《むえき》の殺生はなりません。もちろん我々は、他の動物を殺すことなく生きることはできません。過酷な見方をするなら、生きるということは、殺すことと同義です。

ベジタリアンなどといっても、山や森林を切り崩して田や畑をつくるために無数の小さな生き物の命が奪われることは、いうまでもないことです。

なればこそ、「無益の殺生」は断じていけないのです。

逆にいえば、我々を含め一切の生き物が生きるために殺すのは、やむなきことであるともいえましょう。

そういう意味では、三度の食事の時に「いただきます」ということは、そうした我々のために犠牲になった命に対する欠かせない感謝と礼儀なのです。

最近、給食費を払っているのに、それを「いただきます」といわせるとは何事かと、学校に抗議した親の話を聞きましたが、感謝ということを知らない親に育てられる子供は気の毒というほかありません。

我々日本人が命に対して自然に抱いてきた敬意のかけらも見られない、実に嘆かわしい行為です。

お正月になると、デパートの地下などの鮮魚店には見事な鯛《たい》の姿も見られますが、私はいつも思うのです。一体、鯛がこの大きさになるまで生き残るにはどのくらいの年月がかかり、どれだけの確率であろうかと。

魚類は何百何千という卵を産みますが、そのほとんどは大きな魚にまでは成《な》りえません。皆、ほかの生き物の餌《えさ》になってしまうのです。

五十センチ近い体格などになるのは、むしろ奇跡的なのです。

そこまで生き残った存在です。それが今、哀れにも魚屋の店先に並んでいる。

これを思うと、本当はこの鯛も我々も、何も変わらないのだと思います。明日のことなど知れないのです。

たとえば東日本大震災では、多くのお年寄りが亡くなりました。

七十歳、八十歳、人によっては百歳近くまで生きてきて、無残な最期《さいご》を迎えられた方もたくさんいたのです。その年まで生きてきて、最後の最後に何のためにそのような無残な最期を迎えなくてはいけないのでしょう。

まことに痛ましい限りですが、それはお正月のこの大きな鯛だって同じことです。

まさに天は無情のものであり、自然の前には人もその他の生き物も何も変わりはないのです。

「魚と人間を一緒にできるものか」という人もいるでしょうが、この問題に関してはそんなことは関係ありません。

自然界に対しては、万物の霊長も人権もヘチマもありません。

しかしながら、あえていうなら人間は、自然界の中で唯一、「殺す」ということを悪と認識できる動物なのです。

なるべく殺さないで生きようとすること。これは人間だからこそできることなのです。ですから、たとえ他の動物を殺すことが完全にやめられなくても、殺すことに伴《ともな》う心の痛みはやめてはいけないと思うのです。

逆にそれは、智慧《ちえ》と創造という無類の武器を持つ我々人間の義務でもあります。

仏教の不殺生が、単に人を殺さないということにとどまらず、生き物すべてに対するものであるのはこのためです。

仏教の不殺生を象徴する法具《ほうぐ》に、「払子《ほっす》」というのがあります。細い毛を束《たば》ねたもので、蠅《はえ》や蚊《か》を殺さずに追い払うための道具です。達磨大師《だるまだいし》など禅の高僧が、よく払子を手に持った姿で絵に描かれます。

一寸《いっすん》の虫にも五分《ごぶ》の魂です。


【不偸盗《ふちゅうとう》】


不偸盗は盗まないことですが、これも殺人同様、普通はしないでしょう。

少なくとも仏寺に参ろうとする人には、賽銭《さいせん》泥棒でもない限り、そういう人はいないと思いたいものですが、実はこの偸盗の対象は、金銭や物品であるとは限りません。人の権利を阻害する、人の時間のあり方を妨害するなども、広い意味では「偸盗」です。

要は自分の分限《ぶんげん》にないものを私《わたくし》しようとすれば、それは偸盗です。ですから、おせっかいも度が過ぎれば偸盗です。こころせねばなりません。これは親子、夫婦、家族でも同じことです。

これも逆に考えれば、自然界から我々は物を奪うことで生きていますから、「殺生」と同じく避けることができないものでもあります。

これは大いなる偸盗です。我々人間くらい大泥棒はいません。

我々はただでさえたくさん盗んでいるのですから、このうえ奪うことは少しでもしないように心掛けねばいけません。

【不邪淫《ふじゃいん》】

不邪淫は性に関しての戒です。性に対しては仏教のみならず、宗教全般、厳しい側面があります。

一番の理由は、なぜならそこに子供が生まれてくるからでしょう。

命を生むということにこころせねば、軽軽《けいけい》に性の問題は扱えません。

また、性の問題は夫婦間の信頼の問題でもあり、一個の家庭の基本にもなっています。

僧侶は、最近では違いますが、家庭は持たないので結婚しないものでした。

世間一般においても古い道徳では、夫婦間の性行為以外は皆、邪淫とみなされた時期もありました。

これは基本的に結婚している男女には、今でもそういえます。

いわゆる「不倫」です。「不倫なんて別に悪いことじゃないよ」という人がいます。

それは殺人や盗みのような「凶悪犯罪」ではないかもしれませんが、そもそも不倫とは「人の道に非《あら》ず」という意味です。

道に非ずということは、どういうことでしょう。そもそもここにいう「道」とは、人のあり方をいいます。

もちろん、人のあり方にもいろいろありますので、一概《いちがい》に「こうあるべき」とはいえない部分もあるでしょう。

人間も動物ですから、性愛は生物としての本能に支配されている部分もあります。

正直な話をするなら、男女とも長い人生で、まったく特定の異性にしか興味がないということは、むしろ珍しいことでしょう。

程度の差はあれ、いろいろな異性に心惹かれることは、むしろ人の常という以前に生物の常です。多くの生き物は、子孫を残すために、そういうふうにできているわけです。

でも「道」ですから、誤った関係になって、それをずっと歩んでいけば、行き先もまた間違ったところに至るということでしょう。

カトリックのように、結婚したらなにがなんでも別れてはいけないとは思いませんし、再婚も悪とはいえないでしょう。

しかし、それも子供がいなければまだしもですが、普通は子供は離婚で深く傷つくものです。

昔、利発《りはつ》な子供が、父母のどちらが大事かと聞かれたそうです。するとその子供はただちに手にしていた一つの「まんじゅう」を二つに割り、「どちらがおいしい？」と聞き返したといいます。父母とは子供にとって、本来はそういうものです。

かなり前のことですが、夫と別れて再婚したという女性が、娘さんを連れて、拙寺に相談にきました。

「羽田先生、この子はうちの人を〝お父さん〟と呼ばないのです。なんとかいってやってください」

娘さんは高校生だという。聞けばこの女性、何度も再婚しているらしい。

「大体あんたが再婚するたびに、そんなにたくさんお父さんができちゃ、娘さんはたまらないでしょ。子供さんがお父さんと呼びたいと思うまでは、おじちゃんでも○○さんでも好きにさせたらどうです。そんなの強要できますか？

本来ならこの子のお父さんは、厳密には最初に別れた旦那《だんな》さん以外にはいませんよ」

このような場合、私は親の配偶者を必ずしも子供が親と呼ぶ必要はないと思います。子供にも一個の人間としての人権はあります。親があらたに配偶者を選ぶというなら、その際、子供は親を選べてもいいはずです、

そのほか現代における性の事情は、必ずしも結婚を選択しないカップルも増えていますし、結婚しても子供をつくらない選択をする夫婦。そして同性のカップルもあるでしょう。

明治以降の日本では、同性愛は長いあいだ日の当たらぬ問題でしたが、これもそれ自体は一つの愛のかたちには違いありません。同性愛、両性愛、トランスジェンダー（性同一性障害）などを含む性的少数派は「ＬＧＢＴ」といいますが、かつては社会の中ではあってはならないこととされ、その存在を口にすることすらなく、存在自体が否定されてきた人たちでした。

近年、世界的にこうした人たちへの差別をなくす方向に社会が動いています。巨大企業も会社のイメージアップのためか、積極的にキャンペーン活動を展開しているところもあるようです。

しかし、恋愛の対象がどうあれ、これらも相互に人間としてのお互いの気持ちや信頼、尊厳を大事にしていかねば、やはりそれは邪淫ということになると思います。

【不妄語《ふもうご》】

不妄語はウソをいうことですが、赤ちゃんや幼児でない人が「ウソをいったことがない」といったとしたら、それはそのまま不妄語でしょう。

ただなんでも正直にいえばいいかといえば、そうではない。それはそうなのでしょう。場合によっては善意のウソというものもありましょう。

ただその場合、整合性《せいごうせい》が取れなくなり、次々とウソを重ね、また人にもウソをいってもらわねばならないのが、たとえ善意でも妄語の大きな問題点です。

一つのウソは、大変な数のウソを生むわけです。

仏戒《ぶっかい》は自分がその行為をしないだけでなく、人にもさせないようにするという条件があります。ですから、できるだけウソがないほうが生きやすいのです。ウソのない世の中は、人の信頼を強めます。

世の中には、「ほらふき男爵《だんしゃく》症候群」という病があるそうです。

もう、考えずに口からウソが出てくるのです。悪人というより、空想と現実が頭の中で明確に分かれていないのでしょうね。

なぜウソをいうのか。ウソをいうほうが得《とく》だからなどという人間は、いたって品性卑《ひんせいいや》しい人間です。つまりはそれは詐欺師です。

罪のないウソでも、いい加減なことを常々いっていると、しまいには「ウソつき」といわれるようになります。なぜなら、他愛《たあい》ないウソであっても、ウソをいわれたことで人はその人間を信用しなくなるからです。

そういう他愛ないウソの類《たぐい》に十善戒で戒めている「綺語《きご》」があり、ウソではなくても悪意ある誇張された物言いに「両舌《りょうぜつ》」があります。

「両舌」とは、たとえば双方の味方のフリをしてお互いのマイナス情報のみを流す手口で人を離反させて喜ぶという卑怯な振る舞いで、仏戒の戒めるところであり、五戒の内では不妄語に摂《せつ》して考えるべきでしょう。

――以上、ここまでの四つの戒は、在家《ざいけ》信者にとっても大切ですが、出家した僧侶にとっても「四波羅夷罪《しはらいざい》」といって、お釈迦さま在世の時代には、破れば教団を追放されるほどの重罪とされました。

【不邪見《ふじゃけん》】

最後の不邪見についてですが、実はもともとの五戒の内では「不飲酒《ふおんじゅ》」となっているのです。不飲酒とは、文字どおりお酒を飲まないことです。これは五戒の内でも行動を規定するものですから、戒とよばれるものの中でも「律《りつ》」（規律）に近いでしょう。

日本仏教においては、最近はこの不飲酒を、「不邪見」に変えるというアレンジがおこなわれることが多いようです。

私もそれに賛成です。現代の生活においては、酒を飲むという行為が、直《ただ》ちに前の四つに匹敵する悪事であるとはいいがたいからです。

ちなみに、たとえ不飲酒の戒を受けた人でも、薬として、あるいは体を温めることを目的としてならば、少量のお酒は飲んでもよいと、お釈迦さまも許可されています。我が国でも、たとえば弘法大師空海《こうぼうだいしくうかい》は、高野山《こうやさん》は寒いので体を温めるためにこれを許可しました。

また、聖天さまのご祈祷《きとう》の秘伝書の中には、「お酒は飲んでいいか？」という質問が記されているものがあります。昔の僧侶は原則的にお酒を飲まないのにこの質問は奇異ですが、ある聖天さまのお経の中に、「お酒を祭壇《さいだん》に供《そな》えて、その後、それを飲みなさい」と書いてあるから、このような質問が記録されているのでしょう。なお、その質問への答えは、「酔わない程度なら飲んでもいい」というものだったと思います。

無論、お酒を飲まないなら酩酊《めいてい》することもなく、世話はないのですが、有名なギャングのアル・カポネが牛耳《ぎゅうじ》ったアメリカの禁酒法時代のように、これがかえって犯罪に繋《つな》がったり、お酒の代わりに甘いものに嗜好《しこう》が偏《かたよ》り、虫歯や糖尿病が増加するのもあまりいいとはいえないでしょう。

適度なお酒は、むしろ心身をくつろがせる良薬でもあります。

さて、不邪見の話に入りましょう。

不邪見とは、どのようなことをいうのかというと、仏教の「因果《いんが》」の教えを信じないことをいいます。

仏教では、「三世両重《さんぜりょうじゅう》の因果」といいます。三世とは現世・過去世・来世のことで、人間のみならず生命はすべて生まれ変わるものという考えが前提です。

過去世のおこないが「因」となって現世の我々の今の状況である「果」をつくり、その「果」が我々の行動によってまた来世の「因」を生み出し、「因」は来世の「果」を生むのだということです。そして大事なことは、「悪因悪果《あくいんあっか》　善因善果《ぜんいんぜんか》」ということです。

悪いことをすれば、結局、人も自分も傷つけます。それが仏教の考える悪であり、善も同様に人にも自分にも及ぶと考えます。

過去世の因果というのは、過去世が記憶にないので認識できませんが、それを信じるのが仏教の考え方です。ただし、現世においてもこの因果のサイクルは常に働いています。

原因が結果を生み、それがまた次の原因になるという、いってみれば当たり前のことです。

私の師匠は、この因果の教えの実践として、「愚痴《ぐち》（不平不満）をいってはならない」と、弟子や信者さんたちに説いていました。仏教の因果の教えからいえば、今の不具合は皆、自分の不徳の行為の結果であるから、何か自分のみが不運で不平等な目にあっているような考えは戒めるべきとしました。

厳しいですが、因果を信じるとは、ただ「信じます」ではなく、こういうことが必要だし、こうあってこその因果論です。そうでなければ机上《きじょう》の空論《くうろん》、つまり理屈倒れということになります。だからこそ師匠は、「身の上をかこつ愚痴はいけない。どうしてもそれをいうなら、私と聖天さまの目の前でいいなさい」と教えました。

そういわれると改めていえなくなるのも愚痴なら、いいだすと止まらなくなるのも愚痴です。実際に愚痴っぽい人とつきあっていると、こちらも愚痴っぽくなるものです。愚痴には感染力があるのです。

だから職場などで「ア〜ア、今日も仕事だ。やだやだ」などと口にする人がいれば、それは広がります。そういう行為はぜひともやめてもらわないといけません。

――以上で、五戒のあらましは申し上げました。

最後に、とても大事なのは、仏教の戒は、基本的には神仏のためにあるのではなく、自分自身のためにあるのだということです。

こうした戒を守ることは、守っているからといって神仏がほめてくれるというようなものではなく、あくまで自分自身の良きあり方として提唱されているのです。

この点は、イスラム教やキリスト教とは、考え方が異なるところです。

たとえば多くのイスラム教国では、女性は髪を隠します。もっと厳しい国では目だけを出して、全身隠すような服装で外出します。これは創造主たるアッラーがお決めになった戒律ですから、それをどう思おうが守らないこと自体が神への背徳行為だと、イスラム教では考えるのです。

キリスト教でも同様の考え方をします。たとえばカトリック信徒には、離婚していけないという戒律がありますが、これは神さまに背《そむ》く行為なので離婚してはいけないとされてきました。

しかし、こういう考え方は、仏教の戒にはないのです。戒はあくまで、近くは我々自身を利益して、遠くはついには悟りに導くための基本です。

そして仏教の戒は、あくまで自分で勝手に守ればいいというものでなく、戒師たる僧侶から授けてもらうものです。それはお釈迦さまから弟子へ、その弟子が師匠になってまた弟子へ……と受け継がれてきた戒の系譜に連なることになり、間接的にお釈迦さまの弟子になれるのです。

そのようにして授かることによって、そこに「戒体《かいたい》の力」が発現します。

「戒」を一度授かれば、我々がどんなにそれを破ってもしまいには成仏に導いてくれる、そうした不思議な力が働くのです。それが戒体の力です。

ちなみに、（宗派によって考え方も違いますが）「お葬式」というのも、実は、故人に戒を授けて仏弟子になってもらう儀式なのです。今では死後にもらうのが当たり前だと思われている「戒《かい》名《みょう》」というものも、戒を受けて授かる、仏弟子としての名前のことなのです。

これについて私は率直に意見を申しますが、本来的には死んでからお葬式で戒を受けても、あまり意味がないと思います。生きているうちに受けて、実践してこその戒です。戒名も、生前にもらうべきです。

まあ、お葬式はお葬式として、その意味で私は生前の受戒を勧めておりますし、当院の信徒さんには必ず受けていただいていています。

戒は仏教の命です。

聖天さまの戒《いまし》め――神罰《しんばつ》・仏罰《ぶつばつ》はあるのか

さて、戒の話から聖天さまの話に戻りましょう。

聖天さまは大変力強い守護神ではありますが、それだけに戒が大事なのだというのは、いま述べたとおりです。

古来、聖天さまにお誓いしたことは、決して破ってはいけないといわれます。

ただ、人間ですから、そうはいっても、いつも正しいことばかりできるとは限りません。

そんな時は、気がついたらすぐに「聖天さま、ごめんなさい。お許しください」といって、お詫びしないといけません。

これは、思うだけではダメで、口にしないといけないのです。

そうやってすぐに口に出してお詫びするのが大事なのです。破ったからもう絶対ダメというような、狭量《きょうりょう》な神さまではありません。

そして我々が気がつくように、注意してくれます。

あれっ？　と思うようなことが起こる。「ああ、これはお戒めだ」と、長年信仰している人なら気がつくのです。

ただ、そういう反省を失うと、聖天さまはお叱《しか》りになるのです。

聖天さまについて「賞罰《しょうばつ》ともに烈日《れつじつ》のごとし」と書いた本もあり、ご利益もあらたかな一方で、強烈な罰を下されることもあるというのです。

そういう罰が当たる人というのは、聖天さまのみ教えに反しながら、これでもまだ大丈夫、あれでも通用する……などといっているうちに、ついつい聖天さまをなめてしまっているのです。

客観的には、「ああ、あんなことしてまずいなあ」とか「ああ、いけないことをいったものだ」と思っていると、案の定、その人は酷《ひど》い目にあいます。

最近の宗教界では、「神の罰などない」とか「仏は人を罰しない」などという傾向にありますが、それは我々の一種の理想論であり、現実には神罰も仏罰も存在します。

世の中には、神仏の罰とは我々の潜在意識の働きであり、罰があると思うからあるので、ないと思えばそういうものは出てこない、という人もあります。

潜在意識とは何でしょう。またあとでお話しますが、ここでは要するに心の奥に罪悪感があるからそうなるのだというのです。

罪悪感と神仏の罰が深く結びついているのは、宗教心理学の側面から「罰の構造」をいうなら、一面の真理かもしれません。

しかし我々は、この罪悪感というものを抜きにしては宗教的存在には近づけないのです。なぜなら恵んでくださる存在は意志のある存在であり、そこに意志があるならば、「是《ぜ》」もあれば「非《ひ》」もあると考えるのが我々の精神構造だからです。

我々が良かろうが悪かろうが、恵んでくれる存在。たとえば太陽のような存在を「法身仏《ほっしんぶつ》」といいます。そこには善悪を問わず生きとし生けるものを生かす、慈悲そのものとしての仏があります。

しかし、善悪をいうには社会がまず存在し、そこに社会に対する是非の考えが生まれるのです。それが善悪です。

ですから、人間一人では善悪というのはないでしょう。しかし、二人になればそこには必ず善悪が存在します。「人の間《あいだ》」と書いて人間です。うまい字を当てたものです。

善悪とはそもそも何でしょう。

たとえば、「部族信仰」のような原始的な宗教の時代には、他部族とのいざこざで相手を殺しても、神さまに申し訳ないとはあまり思わないかもしれません。まず、相手に申し訳ないなどとは思わない。他部族はこのレベルの考えでは、口がきけるだけで動物と変わらない存在なのです。

そして神は、あくまで部族の守護神です。他部族は関係ないのです。南米のアステカ文明などでは、太陽は人の心臓を「いけにえ」にすることで存在し続けると考え、多い時には日に四万人もいけにえにしました。そのために多くの他の部族をとらえては殺していったといいます。

でも、こういう宗教でも、同一部族内の人を殺せば、神の罰を恐れます。そういう共通観念のもとに宗教は機能しています。

善悪の観念とは、そもそもはじめは社会というより、もっと単位の小さい仲間のあいだで生まれるものです。

これに似たことが、動物でもあります。特に、群れる動物で知能の高いものにはそれがあります。

一番小さい単位は夫婦や親子です。これは人間でも同じですね。

次にグループです。たとえば水牛などは、ライオンのような肉食獣に襲われて傷ついた個体があると、その個体をグループでぐるっと取り囲んで守ります。テレビで見ましたが、ライオンにかまれた水牛を、仲間が安全な池の中央に逃がし、その周りで円陣を組み、頭を低くして角を振り立てライオンを追い払います。これはお互いが仲間であるキズナがそこにあるからです。

また、拙寺には猫がたくさんいて、お互い仲の良いものも悪いものもいますが、外から別な猫が縄張《なわば》りにやってきて、一匹がケンカで負けそうだと、日頃の関係はさておいて、仲間の応援にかけつけます。負けている悲鳴を聞いて、即座にかけつけるのです。

だから、水牛にしても、猫にしても、仲間を助ける心がある。これがそもそも生き物としての善心の芽生えであると思います。猫や水牛でさえそうなのです。

人も、人同士の関係でこそ善悪があるのです。その大事な「人」という存在をないがしろにして、神仏に向かうことはできません。

昔から、「大仙《だいせん》は町に隠れ、小仙《しょうせん》は山に隠れる」といいます。道を求める偉大な仙人は、山の中などにずっといたりはしない、ということですね。なぜなら人は、人の中にあってこそ人だからです。

人のまったく存在しない深山幽谷《しんざんゆうこく》では、何をしてみても善も悪もありません。善も悪もない場所で人の道を求めることは、無理というものです。

今や宗教は世界規模の存在になっています。仏教、キリスト教、イスラム教などは世界の人を対象とした「世界宗教」です。

むろん、今でも部族信仰というものはあるでしょうが、いかなる宗教であっても余程おかしな宗教でない限り、人を殺《あや》めたり傷つけることは基本的に否定されているのが普通です。そうでないと、世界が一体化している現代では、社会が共有できないからです。

まあ、一部、宗教の違いから社会を共有できないで、お互いを排除しようとずっと殺し合いになっている地域もありますが。

そういうところから、むしろ宗教なんてないほうがいい、という人もあります。その気持ちはわからないでもありません。

ただ、宗教にも宗教の「質《しつ》」というものがあります。

たとえば、聖天信仰は、聖天さまを信じていない人などはどうなってもいいというような信仰ではありません。

そもそも、聖天信仰の母体である仏教も、仏教徒以外はどうなってもよいのだという信仰ではありません。仏教の慈悲は、民族・宗教・性別などを超えて、あらゆる人間、鳥獣魚虫に至るまでほどこされるべきものです。

そして聖天さまを含む仏教の神仏は皆、崇められて喜ぶのではなく、人々が仏道を実践すること、善なるおこないをすることを喜びます。

ですから仏教徒ならば、人はもちろん他の生き物に対しても、善なるおこないをするべきです。神仏はそれを喜びます。聖天さまもそれを喜ばれるのです。

強烈なご利益信仰にありがちな人は、「自分だけが良ければいい」という考えに陥《おちい》ることがありますが、それでは極端な話がアステカのいけにえ信仰と変わらないことになります。

そしてその考えは、猫や水牛にも劣る考えといわねばなりません。

しかしそんな人の心にも、「自分は良くないことをしている」という心は意識されなくても働いているのです。

それは、その人だけの問題ではなく、そういう「集合無意識」が働くからです。

このレベルは、個人がどう思おうが、もうひとつ大きなくくりで働く無意識なのです。

集合無意識は、何かを「そうだ」と思う人が多ければ多いほど、そこに作用します。

罰でいえば、たとえば、こんな面白い話があります。

ハワイの本島には、キラウエアという有名な火山があります。一言でいうと、巨大な岩山の周囲に点々と町があるのがハワイ本島です。

皆さんがよく知っているオアフ島とは段違いです。

まあ、キラウエアのようなむきだしの自然のほかは、ほとんど何もないわけです。あたり一面、火山によって生まれた岩や石が転《ころ》がっているだけです。

そして、その転がっている岩や石は、決して持って帰ってはいけないのだそうです。

私はそれを知らないで、おみやげにと思って拾いましたが、手にすると強烈な「瞋《いか》り」（怒り）の思いが伝わってきたので、即座にやめました。

そのあとでヴィジターセンターに行くと、なんと「ハワイの石は、持ち帰ると祟《たた》る」と書いてありました。

これはもとはといえば、石を持ち帰る観光客が多いので、自然保護のために、自然保護当局のある人間が流した苦肉の策のデマだったそうです。

しかしそのデマが、ついには本当になったわけです。

私の弟子で聖天さまの道場をしている者がいますが、彼のところの信者さんが、やはりキラウエアの石を持ち帰って祟りがやまず、ついに彼が代理でハワイにまで返しに行ったという話も聞きました。

もしかするとキラウエアの女神ペレの意思が、その役人に伝わって、そういうデマを思いついたのかもしれませんね。

「集合無意識」とはそういうものをいいます。

聖天さまの罰も、そういった集合無意識と考えてもいいでしょう。

つまり、皆が信じていることは、「力」として働くのです。

じゃあ、信じなければいいと思いますか？　そう単純ではありません。なぜならこれは、私たちの知らない、認識できない意識下の働きだからです。

「幸島《こうじま》のサル」という話をご存じですか？

幸島という島に住むあるサルが、たまたま芋《いも》を海水で洗って食べることを覚えました。きれいになるし、塩味もついて美味しいのでしょう。

そのうち島中のサルが皆、食べ物を波打ち際《ぎわ》で洗い出しました。

するとやがて、そこからはるか離れた隣の島のサルも洗い出したのです。誰が教えたわけでもないのに……。

とても不思議なことですが、これは潜在意識が「同じ地域のサル」というカテゴリーでつながっているから、という仮説が立てられています。

ですから、テレパシーなどの超能力の秘密も、実は潜在意識にあるのではないかといわれています。

これらを科学的に解明しようという試みも、ずいぶん前からおこなわれています。

超能力とまでいわなくても、「虫の知らせ」というのは昔からいうところです。

虫の知らせとは、なんか急にソワソワ、わけもなく落ち着かなくなったと思ったら、知人が大ケガをしたという電話がかかってきた……などという類の話です。

その虫の知らせの仲立ちをしているのが、集合無意識です。

もちろん、このようにグズグズと説明がましくいわずに、単純に「聖天さまのお怒り」という理解でもいいのです。

そういう怒りに触れぬように人として精進することも、一つの信仰です。

仏教では、一神教のような創造主が是非を決するのではなく、善因善果・悪因悪果がテーゼですが、思うに聖天さまの信仰という場では、そのサイクルがすごく早く働くのだと思います。

これが聖天信仰の「賞罰ともに烈日のごとし」の仕組みであると思います。

だからこそ、ご利益も早く、罰も早いのでしょう。

また、それだけではなく聖天さまには、多くのご家来《けらい》(眷属《けんぞく》)がいます。

『大聖歓喜天使呪法経《だいしょうかんぎてんしじゅほうきょう》』というお経によれば、九千八百もの鬼神《きじん》が付き従っているそうです。

そうした、聖天さまのご家来である神霊たちも、絶えず私たちのおこないを見ていますから、「こいつ!」と思うおこないには、強烈な鉄槌《てっつい》を下すこともあるのだと思います。

第五章

ビナヤキャ信仰は聖《しょう》天《でん》信仰にあらず

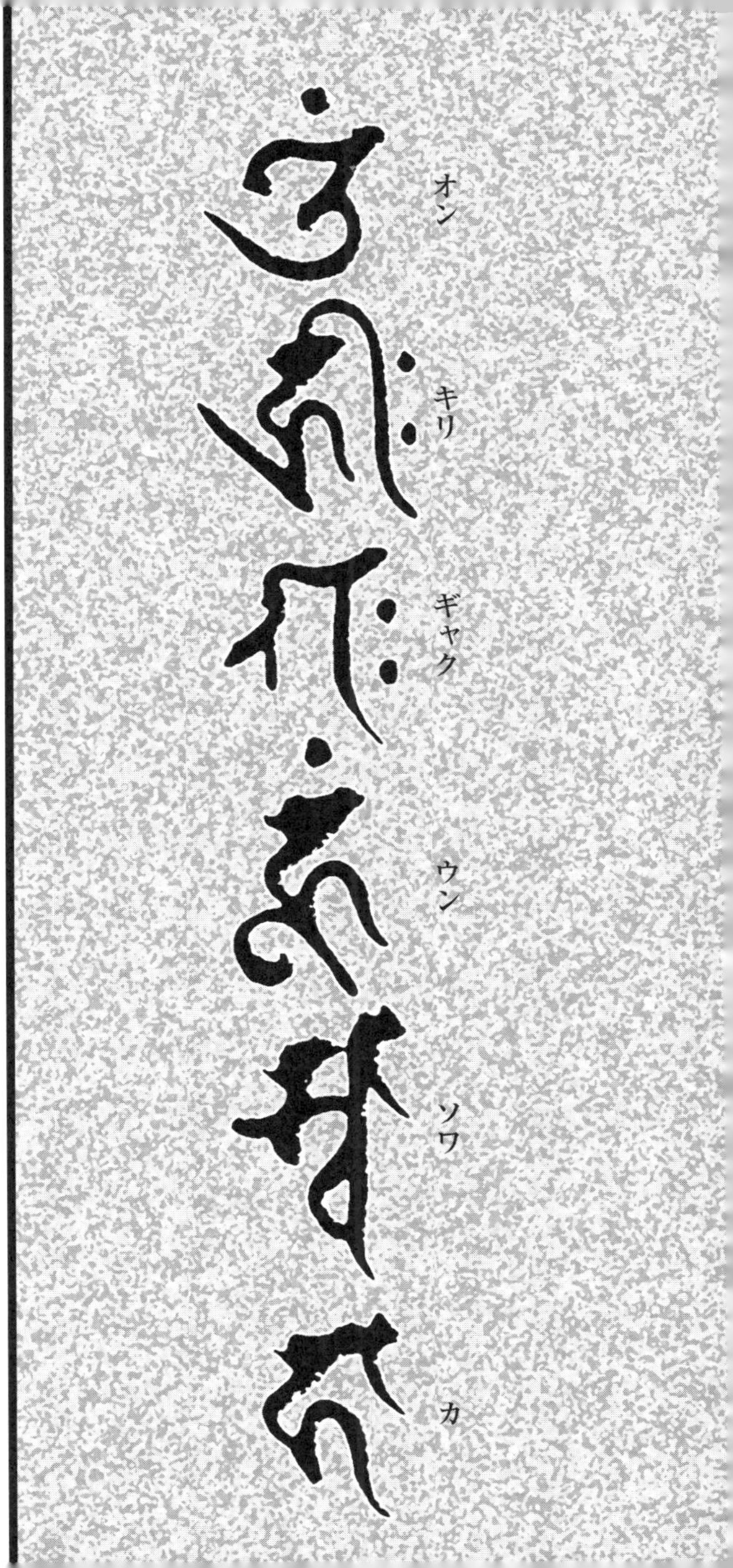

偲 「取引《とりひき》の信仰」をしてはいけない!

聖天信仰において、もっとも注意しなくてはいけないのが、「ビナヤキャ信仰」です。ビナヤキャとは、本書第一章などでもお話ししましたが、「常随魔《じょうずいま》」のことです。人に常につき随《したが》い、たえず物事が曲《ま》がってしまうように働く魔物たちです。

そんなものがいるのか? と思う人もいるでしょうが、「そんな目に見えないものはいない」というなら、聖天さまだっていないことになりますね。

私の目にも見えませんが、必ずいると思います。

「世の中には、本当は聖天さまなどいないんだけど、いると思って精進《しょうじん》(努力)するのが信仰なんだ」などという人もいます。いわゆる合理主義的な信仰のとらえ方ですね。私が若いころ、そういう考え方を私に教えてくれた人がいましたが、そのような考え方はここでは問題外です。なぜなら信仰とは、「そのまま」を受け取ることだと思うからです。そのような考え方は、一見もっともらしいですが、実際は信仰などというしろものではありません。

そういう考え方を好む人には、もともと信仰などいらないのではないのでしょうか? 所詮《しょせん》、真似事《まねごと》だと思ってしている信仰など、何の役にも立たないからです。

宗教は科学ではありません。宗教と科学は、別個に存在するものです。それぞれ、異なる使命を持っています。

ビナヤキャの話に戻りましょう。

聖天信仰をするなら、ビナヤキャの存在は、決して無視できません。

なぜなら、知らず知らずのうちに、聖天さまでなくビナヤキャを拝《おが》んでいるおそれがあるからです。

ビナヤキャは聖天さまの眷属《けんぞく》（従者、家来《けらい》）ですから、本来は憎んだり、恐れたりする必要は少しもないのですが、聖天さまという存在を抜きにすれば、やはり悪魔的な存在なのです。

もちろん、誰しも「私はビナヤキャを拝んでいるんじゃなく聖天さまを拝んでいるんだ」と思うのですが、そこが実は違うのです。

ビナヤキャ信仰とは、ずばり、「交換条件の信仰」です。

交換条件とは、たとえば「酒断《だ》ち」「タバコ断ち」、あるいは聖天さまの好きな大根を断つなどの「断《た》ち物《もの》」をすること。

また、「真言《しんごん》を十万遍《べん》あげます」とか「『般若心経《はんにゃしんぎょう》』を千巻写経《しゃきょう》します」ということ。お百度《ひゃくど》参りや水垢離《みずごり》、断食《だんじき》などをして祈願することです。

これらの行為自体は修行としてはまったく悪いことではなく、むしろ良いことであり、勧めたいことです。

ただ、写経したり断食したりしたうえで、「だから代わりに私の願いを叶えてくれ」というのがダメなのです。

そういうのは信仰ではなく、「取引」なのです。

「じゃあ、世界平和のために千巻写経するのはいけないの？」

世界平和は個人レベルの願いではなく、また決して終わりのある願いではありません。「震災復興」のように一応ゴールのあるものもありますが、これも個人的な願いではありません。

このように祈願内容も公共的で、そのためにすることも好ましいものなら、何も問題ないでしょう。それは実質は、祈願というより「励まし」の意味合いもあるでしょう。

白河翁《しらかわおう》といわれた松平定信公《まつだいらさだのぶこう》は、本書第三章でも述べたとおり、熱心に聖天信仰をした人ですが、思うにこの人なども、多分に「享保《きょうほう》の改革」成就《じょうじゅ》のためにそういう願掛《がんか》けをしたでしょう。でもそれは国のため、社会のためであって、個人レベルの願いではないのです。

そうでなく、何か個人的な祈願をする時に、「○○をやるので、その代わりに願いを叶えてくれ」

というのは、聖天信仰ではしてはいけないのです。

真言念誦《ねんじゅ》や写経や断食は、自分自身の修養《しゅうよう》、信仰の鍛錬《たんれん》としてすればいいことです。それをお願いごとの「代わり」にするのでは、値打ちが下がります。

聖天さまは、断ち物や苦行《くぎょう》をしなければ願いはきいてやらない、などとはいっていません。聖天さまのお経にもないことです。

こういうことの問題点は、祈願が叶わないと一転、「恨みごと」になる点がもっともいけないのです。

一生懸命やればやるほど叶わないなら、「せっかく〇〇したのにかなわない。聖天さまに騙《だま》された！」などという思いになりかねません。

実際そうやって祈願が叶わないという理由で聖天信仰をやめてしまう方も、少なくありません。

これは勝手に決めて勝手に日限《にちげん》を切ってやめるのですから、はじめから道理に合わないのです。

ところが、うまく叶ってしまうと、もっとまずいことが起きます。

なぜなら、ますますそういう交換条件を習慣化してしまうからです。

聖天さまは基本的に、そういうケチな考えはお嫌いです。

そういうケチな考えのあるところに出張ってくるのが、ビナヤキャです。

ビナヤキャは元来が魔の類《たぐい》ですから、そういう交換条件が大好きなのです。

西洋でも、悪魔召喚《しょうかん》の儀式というのをしますと、魔法陣《まほうじん》を地面に描いて「いけにえ」を用意します。鶏やヤギなどですが、大昔は子供などをいけにえにして殺したと聞きます。なんともおぞましいことです。

ビナヤキャは魔ではあっても聖天さまに従う存在なので、完全な悪魔とまではいえません。ですから、はじめからそういういけにえなどは要求しませんが、やはり交換条件が大好きです。

彼らは、「何かしらしてやるが、その代わり何かをもらう。そうでないと損だ。フェアじゃない」と考える境涯《きょうがい》（境地、意識のレベル）の存在なのです。

これは、聖天さまなどの「護法善神《ごほうぜんじん》」（仏法を護《まも》る善神）や「権現《ごんげん》」（悟りを得た仏の化身である神）の境涯ではないのです。

聖天さまは「衆生利益《しゅじょうりやく》」（生きとし生けるものを利益する）という誓願《せいがん》を立てておられ、それに基づいて活動されるのですから、「取引」などではありません。

ビナヤキャ的な発想で考えれば、商売はモノを買えばお金は減る。だから代わりのものが手に入るので、それで対等なのだという考えです。

つまり、お金を得ればモノは減り、モノを得ればお金は減るという「不足」の考えです。

当たり前といえば当たり前ですが、聖天さま的な商売の考えは違います。品物を買うのは、そのお金以上に品物の価値を感じるから買うのです。売り手は品物以上にお金に価値を感じるから売るのです。

だから、そこに誰も損している人はいないのです。

売ってよし、買ってよしです。

この考えは、いってみれば、「活《い》かしあう」ということです。

密教では、曼荼羅《まんだら》に多くの仏が描かれ、さらには天部の神々や鬼神《きじん》の類も描かれていますが、それらはみなお互いを礼拝《らいはい》し、「加持《かじ》」しあう存在です。

これを「仏仏加持《ぶつぶつかじ》」といいます。加持とは仏の力を加え、それを維持することをいうのですが、単純にいえば祈ることです。

だから密教の仏の世界は、仏同士のお互いの祈りあいなのです。お互いが祈りあい、生かしあう世界です。

商売の基本は、必要としているところにその必要なものを持っていくということです。いってみれば簡単なことです。

商売の基本は、交換条件などではないのです。

そして、「あなたがこうしてくれたら代わりに私はこうします」というような、「あるいは私はこうするから代わりにあなたはこうしてください」的な水臭い取引信仰に陥《おちい》ると、聖天さまとの交感《こうかん》は途絶《とだ》え、いくら御宝前《ごほうぜん》（聖天さまの御前《おんまえ》）で拝んでいても、眷属であるビナヤキャがそれに対応します。

ビナヤキャも不思議な力を持っていますから、形の上では祈願は叶うには叶いますが、しまいにはいいことはありません。

ビナヤキャの神通力《じんづうりき》は、所詮、幻のようなものなのです。

願掛《がんか》けの落とし穴

どんどんこうしたビナヤキャとの取引が叶っていき、しまいには、極端な話が「命も差し出しますのでこの願いを……」などといってしまうと、祈願は叶いますが、やはりそういう事態になることもあるようです。

思わずそういってしまい、思わぬ災いで苦しむことになった例を知っています。

私の師匠寺でも、ある信者さんが、「私は目が悪くなって心配です。目さえ助かるなら、手の一本くらい……」といったら、「それは絶対口にしてはいけない」と、師匠にきつく注意されたことがあります。

それとは別の話もあります。かなり昔の、戦前のお話のようですが、ある事業家がいわゆる女遊びが好きだったのを、事業成功のために聖天さまに誓ってやめたそうです。

そうしたら、面白いように儲《もう》かる。あまりに儲かるのでつい油断して禁を破っていわゆる昔でいう芸者を買ってしまったら、その晩トイレに行こうとして料理屋の縁《へり》からたちまちすべり落ちて、庭石に目をぶつけてえぐって失明してしまったという話がありました。

昔から、「聖天さまに断ち物や約束事の願掛けはするな」といわれるのはこのためです。取引相手がビナヤキャだとわかったからといって、「とりけし」はききません。これがビナヤキャ信仰の落とし穴です。

西洋の悪魔崇拝も同じです。一代《いちだい》の栄華《えいが》のために間違った信仰をして、しまいにはおしまいになります。

ただ、ビナヤキャの場合は断ち物であれ何であれ、約束を守っていれば手出しはしません。というより、手出しできないのです。彼らは契約で動く存在ですから、契約は守ります。

それならビナヤキャでもいいのでは、と思うかもしれませんが、古伝によればそのような信仰をしていく人は、死してビナヤキャの仲間になるのだといいます。

密教の儀軌《ぎき》には、ビナヤキャのような鬼神をあえて使役《しえき》するという「離れ業《わざ》」が書かれてありますが、その場合は必ず一回で約束を終わらして完結します。密教の専門的な行者《ぎょうじゃ》であっても、ビナヤキャと接する時はそれだけ慎重になるのです。

ましてや在俗の人が、一人でビナヤキャと接するようなことはしてはいけません。

「悪魔」というのは、仏教にも存在します。

これから話すことは、馬鹿馬鹿しいと思うかもしれませんが、悪魔がどんなものかお話したいと思います。

私の姉弟子は、霊感の強い人でした。だから師匠は、その姉弟子とともに、よく「阿毘捨法《あびしゃほう》」という霊媒祈祷《れいばいきとう》をしました。

ちなみにこの阿毘捨法について、ある仏教辞典には、なんと「邪法の一種」と書いてありました。仏教学者の方が書かれたのでしょうが、いい加減なことを書くものです。阿毘捨法は、密教の儀軌にちゃんと説かれているものです。チベット密教にも同様の作法があります。

阿毘捨法とは、要するに「神降《かみお》ろし」のことです。師匠と姉弟子が阿毘捨法をおこなう時は、姉弟子が「依《よ》り代《しろ》」になるわけです。

さて、阿毘捨法は、神だけでなく、いろいろな霊も降りてきます。ある時、妖術をかけられた猫の霊というのが出てきました。まあ、「化け猫」のようなもので、人の怨念を背負わされているのです。かわいそうですね。

そういう妖術は、いまでも知る人ぞ知る世界のものです。陰陽道《おんみょうどう》などでいう「式神《しきがみ》」の術を悪用したものだといえるでしょう。式神にも、術者自身の意識からそういう分身のようなものをつくる術と、まったく違う動物などの意識体を使う術とがあります。この猫は、後者の術をかけられたのですね。邪悪な憎むべき術です。

この猫が、怨念によって悪霊となり、祈祷の依頼者を苦しめていたわけです。そこで師匠は、霊媒を通じて猫と取引しました。

動物なので、食べ物に弱いのです。「お肉」をお供《そな》えしてあげるから、その代わりにもう依頼者を苦しめるのをやめて、帰るべきところへ帰れという「交換条件」を出したのです。

世間には、そんな悪霊は九字《くじ》でも切って追い払ってしまえという行者さんもいるでしょうが、仏教の祈祷というものは、一方だけ助かればいいというものではありません。悪霊だって悪魔だって衆生《しゅじょう》、つまり救済の対象ですから。

ちなみに、この話には後日談《ごじつだん》があります。約束どおりにお肉をお供えしても、猫の悪霊は、実は帰りませんでした。そこで再びぶ霊媒をしてよびだすと、猫はもう餓鬼《がき》と化していて、普通のものは食べられない。腐らせないと食べられないという、世にも恐ろしい話でした。

そこで腐らせた肉をお供えしておいたら、その肉がすぐになくなって、猫の悪霊は去っていきました。腐らせた肉は、実際はカラスか野良犬がくわえていったのだと思います。でも、「猫の悪霊が食べたのだ」と受けとめるのです。それによって、悪霊は去ってくれるのです。

なお、師匠は、妖術から解放された猫の霊に、「四国遍路《しこくへんろ》に行って滅罪生善《めつざいしょうぜん》の行《ぎょう》をするように」といったそうです。そして、かわいそうな猫の霊は、師匠のその言葉に納得して旅立っていったそうです。

猫がそんなことわかるわけないと思いますか？　その疑問はもっともだと思います。

それについて、参考になると思われる話をしましょう。私は以前、「アニマル・コミュニケーション」という不思議な技術を習ったことがあります。とても面白いのです。猫や犬どころか亀や魚の意識も伝わってくるようになるのです。バカみたいと思うかもしれませんね。

アニマル・コミュニケーションでは、動物の写真を見て、そこからその動物の気持ちを汲《く》み取るという練習もします。私の担当は亀でした。

犬猫はともかく亀なんて、わかるわけない……と思っていましたが、それら動物には皆、背後に「集合無意識」があります。頭脳ではないのです。

その集合無意識にアクセスします。この技を教えてくれたローレン・マッコール先生は、「魂の領域」とよんでいました。これは仏教的にいえば、「識《しき》」ということです。

動物に我々のような言葉はないかもしれません。最近では鳥などの言語体系化した鳴き方というのが知られていますが、それでも亀などはないでしょう。第一、亀はほとんど鳴きもしません。でも、私たちの脳はその意識を感じ取って、私たちの理解できる言葉に変えているのです。テレパシーですね。テレパシーは、能力としては誰にでもあります。いわゆる超能力としてはもっとも初歩的なものです。私がこの時に亀から教えてもらった情報は驚くほど正確なもので、当の私が驚いたくらいです。

さて、ビナヤキャの話に戻しますが、このように悪霊というのは、「約束」や「契約」によって動きます。

なぜなら、悪霊の多くは執着があるからです。執着があると契約に弱い。我々人間も同じことです。執着の強い人ほどそういう取引信仰に引っかかります。

悪魔信仰も同じです。『般若心経』にある「無罣礙《むけいげ》」の人。つまり執着やこだわりから自由な人には、ビナヤキャは寄りつけません。

ビナヤキャ信仰が失敗して、もつれた場合、聖天さまもそのような状況をお助けにはなりません。交換条件でなにかをするというような、そのような信仰は、仏教の教えにはないからです。

するなということは、してはならないのです。

ですから、くれぐれも断ち物はしないことです。

もし、断ち物をはじめてしまったら、約束したことを守るという決まりは、変えられないのです。

つまり、「お茶断ちする」と一度いったら、祈願が叶おうが叶うまいが、それを続けなくてはいけないのです。つまらないでしょう？

だから、くれぐれもこういう信仰の仕方はなりません。

最近、「スピリチュアリズム」というのがよくいわれます（「ネオ・スピリチュアリズム」と、「ネオ」をつけてよばれることもあります）。先ほどのアニマル・コミュニケーションも、広い意味ではその一種でしょう。欧米から来た、心理学と心霊学の折衷型《せっちゅうがた》のようなものです。

ちなみに本家の心理学でも、最近は「前世療法」などという、スピリチュアル寄りのものも出てきました。これはヒプノセラピー（催眠）の一種で、どんどん昔にさかのぼる退行《たいこう》催眠をかけていき、ついに前世に至るイメージを体験するものです。

それは本当の前世なのかって？　まあ、そこはなんともいいきれませんが、いってみれば過去世と称する体験、そこで私たちは現在につながる重要な心理的問題のヒントを得る物語に遭遇するわけです。それは本当の前世であってもそうでなくても、非常に重要な事柄なのです。

さて、スピリチュアリズムというのは、ある意味、宗教ではないというので、既成の宗教には期待しない。また宗教の束縛《そくばく》を嫌う若い世代に受けている面もあるようです。

考え方は、創造主の存在を想定している点は一神教的ですが、各宗教の神々を肯定しているため多神教的でもあります。

また、占星術的な要素もあり、春分点《しゅんぶんてん》が「魚宮《ぎょきゅう》」から「宝瓶宮《ほうびょうきゅう》」に移ると、世界が変わると信じられています。

このような思想は、「ニューエイジ」とよばれることもあります。私もいくつかのニューエイジ思想を勉強したことがあります。

スピリチュアリズムやニューエイジとよばれる考え方がおしなべて目指しているのは、いわゆる「自己啓発」であり、「ご利益《りやく》」ではありません。それゆえ、いわゆる現世利益《げんぜりやく》信仰にみるような毒々しさはないようです。また、心霊的な相談などはできないお宮（神社）やお寺に代わって、そういうことの受け皿としても台頭《たいとう》してきています。

ことに、葬式でたんまり稼ぐ一方で、「人間、もはや死んだらそれで終わり」などとうそぶく坊さんに、霊の相談などできるわけがないからです。

そういうわけで宗教に代わる存在になりつつあるスピリチュアリズムですが、そのスピリチュアリズムの中には、「前世の契約を手放すワーク」（「ワーク」とは参加型体験学習のこと）というものもあります。まあ、心理学的な立場からいえば、ヒプノセラピー（催眠）の応用といえるものです。

さて、この「前世の契約を手放すワーク」ということから、ビナヤキャ信仰について考えてみましょう。

この「前世の契約を手放すワーク」で、ビナヤキャとの「契約」も外せるでしょうか？

答えは「否《いな》」です。ビナヤキャとの契約は、こういうワークで手放せるものとは、質が違います。

自分の思い込みならこういうワークで手放せるでしょうが、ビナヤキャとの契約や約束は、そう簡単にはいきません。

また、前世の契約なら、もう前世は終わっていますから、手放すにはそれなりの道理がありますが、ビナヤキャとの約束は自分が現世でしたことです。

それでも聖天信仰がそういうものと知らないでしてしまった約束ならば、まだ解消できるでしょう。

しかし、約束したことの「願《がん》ほどき」はできないのだと、あらかじめ知ったうえでした約束なら、これはわけが違います。

願ほどきができないのは、思うに、誤った信仰への戒《いまし》めなのだと思います。

取引信仰では、往々にして、「一生○○をしません（あるいは○○します）ので叶えてください」という言葉が出がちです。

でもそれは、絶対に口にしてはなりません。

そんな他人行儀なことをしなくても聖天さまは、叶えるべきは叶えてくれます。そしてどんな約束をしても、ダメなものはダメです。

それが「護法の善神」（仏法を護る善神）というものなのです。

決して、聖天信仰ならぬビナヤキャ信仰に陥ってはいけません。

聖天さまに好かれる心、「四無量心《しむりょうしん》」

では、聖天さまに祈願する時は、どんな心を持つべきなのでしょうか？

知らず知らずのうちに、ビナヤキャ信仰にならないためには？

聖天さまは、別名を「歓喜天《かんぎてん》」といいます。歓喜とは「歓《よろこ》ぶ」に「喜《よろこ》ぶ」で、同じような字が重なりますが、これはまず「人を喜ばす」という心を持つこと。そして同時に「自分も喜ばなければいけない」という意味です。

世の中には、人を喜ばすけど自分は度外視《どがいし》して勘定《かんじょう》に入れないという人がいますが、これは聖天さまから見れば感心できない根性《こんじょう》なのです。

自分も遠慮なく「喜び」を選ぶべきなのです。

場合にもよりますが、習慣的に「私はどうでもいいから、人さまに……」などというのは、一見すると感心なことのように思いますが、実は感心なことではないのです。

要するに、人と同じにならないことで自分のほうを上に置きたい心があるのです。つまり、人に負債《ふさい》を負《お》わせておきたいのです。

あるいは、自分に何か負い目があるので、そうやってバランスを取ろうとしているにすぎません。それが証拠にそういう人は、すぐに「私みたいなものは……」とかいって、自分は無価値であることを強調したがります。

自分でつまらない存在だとアピールしているのです。そういっておいて「いやいや、そんなことはない。あなたは立派な方です」と、どこかでいってもらいたい。裏を返せば、実に姑息《こそく》なウソで固めた考えです。

どこまでもフェアじゃないかたちで勝負をすすめたいのです。

饅頭《まんじゅう》一個を、三人いたら三等分しようというのが健全な心。素直な心です。

それを「二人で食べてください。私はいいんです」というのは、自分を特別な存在に置きたい心です。そこがいけないのです。

それは、そこにウソがあるからです。

自分は皆と同じではいけないのだと思う。同じじゃいやだと思うから、そういうことをするわけですよね。

密教では、「四無量心」というものを大事にします。

「慈《じ》・悲《ひ》・喜《き》・捨《しゃ》」の四つです。

「慈」は慈《いつく》しみ、「悲」は思いやり、そして「喜」も必要なのです。しかつめらしい顔をしているのは、少なくとも密教の信仰ではありません。

最後の「捨」は、執着を捨てて離れることですが、「慈」から「喜」までは「同事《どうじ》」といって、人とともになくてはなりたちません。

人とともにあるこの心があってこそ、「喜び」もあります。

自分一人で利《り》を得て、ひそかにほくそ笑むというようなものは、「喜」ではありません。

本来は一切衆生《いっさいしゅじょう》（生きとし生けるもの）の仏性《ぶっしょう》をみて喜ぶのが「喜」とされますが、それだけでなく、なんであれ人の喜びを喜ぶことは、立派な「喜」です。

なににつけ、人に対する愛や思いやりがなくては、この「喜」はなりたちません。これが歓喜天の「喜」なのです。

人は、我がことに引き換えて喜ぶのです。人を容《い》れる。

自他《じた》のわけへだては「喜」になりません。

同じ心なくして人に良くすることは、本当のところはありえません。

人に善事《ぜんじ》を施《ほどこ》しても自分自身に喜びがなくては、それは人を容れていない証拠なのです。本当は別な心に根差《ねざ》しているのです。

それはただの自分のためのデモンストレーションです。

時にそういう人間に、聖天さまは徹底的に圧力を加え、化けの皮が剥《は》がれるようにさえします。

そういう偽物の「いい人」は大嫌いなのが聖天さまです。

そういう、常に典型的なかっこいいことをいい、「なによりも人のためが大事」とか「絶対貪《むさぼ》ってはいけないんだよ」などと人に説教を垂《た》れていて、聖天さまからはなにかにつけ終生コテンパンにやっつけられた人を知っています。いっておきますが、絶対に悪い方ではないのです。

それどころか無類の善人といってもいいくらいです。

でも、自分の弱さや汚さを、まるで見ません。

そこが聖天さまから嫌われる理由なのです。

自分の弱さや欠点を見てこそ、人も容れることができます。素直な自分を見ることです。

汚さもわがままも弱さも見る。正直に見る。

聖天さまは、表面だけの「きれいごと」は嫌いな神さまです。

そしてそのままで飾らないで、聖天さまに抱きとめていただく心が大事です。

人間はそんなに立派なものじゃありません。神仏から見れば、たいがいは誰でも同じようなものです。

「いい格好《かっこう》しい」は、聖天信仰に要《い》りません。人とともに、時に泣き、時に笑いながら、歩む。

そういう温かい心こそが、なにより必要なのです。

自らを欺《あざむ》くウソや虚栄《きょえい》で飾った心を持った人間、傲慢《ごうまん》で自分を見ない人間には、鉄槌《てっつい》が下ります。それは罰ではなく、「おさとし」なのです。

時々《ときどき》ですが、聖天信仰をはじめてから、かえってロクなことがないという人がいます。

そういう人は、聖天さまの前で裸になっていないんですね。

まず、全部捨て去ること。余計なもの、ニセモノはみな捨てる。そこが大事です。

極端な話、聖天さまにウソをついているからダメなのです。

師匠は、「聖天さまには人に対して好き嫌いがある」といっていましたが、ロクなことがないといえば、聖天信仰をはじめた二十代初めの私もそうでした。

さすがに今ではそのころよりは大分マシだと思うのですが、振り返れば私は虚勢《きょせい》の塊《かたまり》だったと思います。

好き嫌いといっても神さまですから、その人の身なりや顔かたちで好悪があるのではなく、心根をみそなわしたまうのです。

自分の真実が認識できるまで、徹底して打ち据《す》えます。そこが実は聖天さまの「慈悲」のお働きです。

それで私の傲慢さや虚栄の心は、徹底的に聖天さまの鉄槌でたたかれましたが、生来がきわめて強情《ごうじょう》な性格ですので意地でも離れず、ついに聖天行者にまでなりました。

でも、いま考えると、それは決して本当にお嫌いになるというのではなく、ダメな私をなんとかなるように厳しく鍛《きた》えていただいたのだと、感謝の思いでいっぱいです。

「秘法《ひほう》」といって、聖天さまのご祈祷は、密教のあらゆる祈祷法の中でも最高峰とされています。

密教は「秘密の教え」だから、どんな祈祷法だって秘法のはずですが、聖天さまのご祈祷はその中でも、特に「秘法」とよばれるのです。つまり聖天さまのご祈祷は、「秘法中の秘法」ということです。

そのような秘法中の秘法である聖天さまのご祈祷をさせていただける聖天行者に私がなれたのは、聖天さまが厳しく鍛えてくださったからです。

今日あるのは、すべて聖天さまのおかげです。

私の体験上、信仰してからロクなことがないという人は、聖天さまの「特訓」を受けているのだと思うのです。

本当は決して嫌われているのではなく、特訓を受けるほどに深く考えてくださっているというべきでしょう。そしてそれは、その人にとっては、なくてはならない過程なのです。

だから、ロクなことがなくても、「これは特訓だ、ここが正念場だ」と思って、真摯《しんし》に信仰を続けることです。我欲《がよく》だけの信仰でなければ、必ず導かれます。

ここで、「ソウルメイト」という考え方から、聖天信仰をみてみましょう。

ソウルメイトとは、前述したスピリチュアリズムの中にある概念で、直訳すれば「魂の伴侶《はんりょ》」ですが、これは「前世からの伴侶」という意味です。俗っぽい言い方をすれば「運命の人」のことであり、恋愛や結婚でそういう人と出会えれば、幸せになれると信じられているようです。

でも、仏教の立場からこのソウルメイトという考え方をみると、そういう「運命の人」と出会えたとしても、必ずしも「幸せになれる」とはいえないのです。

たとえば前世で敵だったもの同士が、今生《こんじょう》では夫婦や親子として生まれてくることもあると、仏教の経典には書かれてあります。そして夫婦や親子でありながら前世での敵対心も今生に引きずっており、争ったり憎しみ合ったりするのです。このように、前世の「因縁《いんねん》」が、今生で複雑なかたちで「果《か》」になることもあると、仏教では説くのです。

なぜなのでしょう？　それは前世でつくってしまった悪いカルマ（悪業《あくごう》）を浄化し解消しようとする働きが、カルマの法則の中にあるためだと思います。前世で敵同士だったとしても、今生で夫婦や親子として支え合えれば、悪いカルマは浄化され解消される。しかし今生でも争ったり憎しみ合ったりしたら、前世のくり返しであり、さらなる悪いカルマを積み重ねることになるのです。

前世と今生について、もう少し掘り下げてみましょう。日本には昔から、「袖《そで》振り合うも他生《たしょう》の縁《えん》」という言葉があります。

これは現代風にいえば、満員電車の中などで、知らない人同士の衣服の袖と袖とが触れ合う程度のわずかな接触であっても、そういう接触があった人とのあいだには前世でなんらかの「因縁」があり、その「果」として袖と袖とが触れ合ったのだということです。つまり袖と袖とが触れ合ったのは、偶然ではなく必然ということです。こんなふうにいうとロマンチックなことであるように感じますが、これも良いご縁ばかりとは限らないのです。前世で敵対していたから袖と袖とが触れ合ったのかもしれません……。

ソウルメイトとは、仏教の立場からみれば、必ずしも喜ばしい面ばかりとは限らないということを述べました。

なぜここでソウルメイトのことを話題にしたかというと、聖天信仰をする人にとっての聖天さまも、このソウルメイト（魂の伴侶、前世からの伴侶）のような存在であると思うからです。

私の師匠は、「聖天さまとのご縁は、一代《いちだい》（輪廻転生《りんねてんしょう》の中での一回分の生）では、なかなか頂《いただ》けない」といっていました。つまり、今生で聖天さまとご縁があり信仰している人は、前世でも聖天さまとのご縁があったということなのです。

本書読者の皆さまの中には、「聖天さまに興味はあるけど、まだ信仰するというところまではいっていない……」という方もいらっしゃると思います。そういう方も、聖天さまに興味を持って本書を手に取られたのは、聖天さまと前世からのご縁があったからなのです！

聖天さまの本地《ほんじ》である十一面観音《じゅういちめんかんのん》のお経にも、「祝福薄きものはこの呪《しゅ》及び我が名を聞かず」とあります。「前世で十一面観音による祝福を受けたからこそ、今生で十一面観音の名前や真言を聞くことができたのだ」という意味です。

また、真言宗の中興《ちゅうこう》の祖である興教大師覚鑁《こうぎょうだいしかくばん》も、『聖天講式《こうしき》』という著述の中で、「機縁《きえん》の至り、感涙おさえがたし」といっています。「前世からのご縁によって、今生で聖天さまと出会えた。ありがたくて、感激の涙が止まらない」という意味です。

このように、聖天さまも、聖天さまの本地の十一面観音も、いわばソウルメイトであると思うのです。

もしかすると、聖天さまの双身《そうじん》のお姿は、聖天さまと聖天信仰をする人とが、ソウルメイト（魂の伴侶）の関係であることを象徴しているのかもしれません。そうだとすれば、双身のお姿の一尊は、あなたのことなのかもしれません。

とはいえ、前述したように、このソウルメイトには、喜ばしい面ばかりとは限りません。

もちろん、聖天さまに悪意はありません。どこまでも衆生救済のためにお働きになる神さまです。

でも、カルマの浄化・解消のための聖天さまとのご縁というのも、ありうるということです。

聖天さまはその場合は、あなたを捕まえて、砥石《といし》でゴシゴシやるようにしてカルマの浄化をするかもしれません。

しかしそれは、どんなにつらくとも罰や意地悪ではなく、あなたに必要なことなのです。先ほどもいったように、それは聖天さまからの「特訓」なのです。

世間には、「守護神を味方につければ万事うまくいく」などといって、そのような守護神を扱ったグッズなどを信者に売りつけている人や教団もあるそうですが、聖天さまのような真の守護神は、甘いばかりとは限りません。

第一、「縁」によって出会うものですから、お金を使う必要などありませんし、お金を使いさえすれば来てもらえるというものではないのです。お金で守護神を味方にできるという考えは、あまりにも人間的というか、浅はかではないでしょうか。

さて、私も、聖天さまからの「特訓」を、かなり受けた人間です。

私の場合は二十六歳で「教会設立」の旗揚《はたあ》げをするまでは、一日として本当に心から明るく笑った日はなかった。いつも不安の中で生きていました。

面白いことに、「聖天信仰なんてだめだ……このままでは大変なことになる」と思って、もうやめようとすると、聖天さまのほうで追いかけてきました。

聖天さまはもうきつくてかなわないから……と思って、並行して、ある弁天堂《べんてんどう》（弁財天《べんざいてん》をお祀りしているお堂）に足しげく通うようになりました。

母が、巳《み》の日の十四日に、遠くに島が見える浅瀬に蛇が泳いでいる夢を見て懐妊《かいにん》したのが私です。以後、私が生まれるまで、実にたくさんの蛇の夢を見たそうです。ですから私は聖天さま以前に、蛇の女神である弁財天を自分の守護神と思い、少年時代から信仰してきました。

その弁天堂で出会った人がいました。『金剛経《こんごうきょう》』の講義をしている、居士《こじ》（在家仏教徒）の修行者の林天朗《はやしてんろう》という方で、なんと私の師匠寺（東京都大井町《おおいまち》の大福生寺《だいふくしょうじ》）をよく知っている人でした。

林天朗さんは「金剛禅」の大家《たいか》で、曹洞宗《そうとうしゅう》管長となった高階瓏仙禅師《たかしなろうせんぜんじ》も師事された濱地八郎《はまじはちろう》（天松《てんしょう》）居士の直門《じきもん》のお弟子でした。

そして天松居士が大福生寺の先々代住職の藤本真靖《ふじもとしんせい》和尚と懇意《こんい》で、よく大福生寺に足を運んでいた関係から、聖天信仰についてもいろいろコメントしてくれました。

今でも大福生寺の本堂内陣《ないじん》に掲げられている「我有微妙法《がうみみょうほう》」という『大聖歓喜天使呪法《だいしょうかんぎてんしじゅほう》経《きょう》』の一偈《いちげ》は、実は天松居士の揮毫《きごう》です。

また、その昔、真言宗の上田光光聖《うえだこうこうひじり》という方が「不思議聖天宮」という教えを立ち上げましたが、その本尊である聖天・弁財天・ダキニ天の三尊の絵を描かれたのも林氏でした。

このように、聖天さまに関する事柄が、つぎつぎと私の目の前にあらわれたのです。そこで、「やはり聖天さまからは逃げられないな」と思いました。

ちなみに林氏は、のちに拙寺《せつじ》（金翅鳥院《こんじちょういん》）の前身「大慈光教会《だいじこうきょうかい》」の初代信徒総代《そうだい》になってくれた恩人です。

また、いつだったか、私が聖天信仰にすっかり自信をなくして、くさくさした心で寺に行ったら、霊感のある姉弟子が「羽田さん、あなたダメですよ！　何考えているんですか。顔にすべて書いてある」と、会うなりこっぴどく叱《しか》られました。何もいっていないのに、です。

残念ながら彼女は五十代初めに病で亡くなってしまいましたが、でも、この人にはずいぶん教えられました。

この姉弟子がいうには、聖天さまはお父さん、十一面観音はお母さんというのです。

このことと関連する話があります。ある新宗教を信仰しているやはり霊感の強い友人が姉弟子のところへやってきて、「貴女みたいな霊感の優れた人は、うちの教団に来たほうが絶対にいい」とさかんに誘ったそうです。

それに対して姉弟子は、「どんなに立派な教団でどんなに素晴らしい神さまかは知りませんけど、私は聖天さまをお父さん、十一面観音をお母さんと思って信仰しています。よそにどんないい親がいても、自分の親以上の親はありえないのではないでしょうか」と返したそうです。

これには相手も、それ以上何もいわなかったそうです。

ちなみに姉弟子とこの友人は、霊感のある人間同士、口からぺらぺらと聞いたこともない言葉が出てお互い意味もわからず会話したりしたようです。そういうのを「異言《いげん》」というのですね。

さて、ここで大事なのは、「聖天さまは私の親神《おやがみ》さま」という、彼女の心です。

そして「素直で正直」。これが聖天さまに好かれるコツです。

ただもう欲望ギラギラで、手段として聖天さまを利用してやれなどという愚かな考えでは、ビナヤキャにつかまるのがおちです。

前にも申しましたが、聖天さまは数ある天部の中でも、その効験《こうげん》に間違いなしといわれる方です。

いったん聖天さまと心がつながれば、これくらい力強い味方はほかにありません。

どんな時でも聖天さまが一緒という心が、自分を今までになく強くしてくれます。

どこまでも「聖天さまと生きる」。これが聖天信仰の本質です。

出離《しゅつり》のご利益

聖天さまは現世利益だけでなく、仏道本来の目的である「出離」の願いを祈るべき天尊でもあります。

このことは、密教の古書に、多く書かれてあります。

「出離」とは「出世間《しゅっせけん》」ともいって、悟りの智慧を得て、この煩悩《ぼんのう》まみれの輪廻の世界（世《せ》間《けん》）から解脱《げだつ》することです。聖天信仰のみならず、天部の信仰は世福《せふく》（世間的な幸福）ばかりを考えがちですが、仏教の究極の大利益《だいりやく》は「出離」にほかなりません。

聖天さまの利益は、現世利益ばかりではないのです。このことを「世間・出世間　二世《にせ》の利益」といいます。

「エ、悟りなんて、とても無理です」と思いますか？

出離の利益がなぜ「究極のご利益」かといえば、本当の意味で自由になれるのはこの出離の利益だけだからです。

悟りというとすぐに難しく感じますが、小さな意味ではいわゆる「気づき」も悟りであることに違いありません。

つまり出離とは、いろいろなこだわりから出て自由になることです。

とかく、我々は「○○さえ叶えば……」と思って、ひたすら目の前のご利益を祈るばかりです。

そしてそれが手に入ればそれでいいのかといえば、そうではない。

願望はそのあとも次々と出てきます。なぜでしょう?

なぜなら、もっと自由になりたいからです。安心したいといってもいいでしょう。

資産家でもお金持ちでもない私がいうのはおかしいですが、大金があれば安心していられるか、本当の意味で自由かといえば、そうでもないようです。

大きなお金ほど、動かすのはとてもむつかしいものです。投資などは失敗をすれば大変なことになります。

親戚《しんせき》や友人には無心《むしん》される。世間のねたみにも疑心暗鬼《ぎしんあんき》になります。

いろいろ資産を狙って、よからぬ人物や悪人が寄ってきます。

子供だって、さらわれたりしないようにボディガードまでつける。

土地や不動産があっても、固定資産税やらなにやら首が回らない。

税務署が来て、なにかと疑われる。

このあいだ、大きな相続をした友人がいっていました。お金よりも土地や不動産が多いと、ものすごく相続税というのが大変だそうです。

物納《ぶつのう》したくとも、山林などはそのままでは物納できないそうです。宅地に直して差し出せというのですから、大変なことです。

不動産税のために、莫大な借財《しゃくざい》が必要になるのです。

これはなんとも悪い税制です。

現代は長生きですから、年を取って働けなくなってから相続する人もいます。もう働いていない。だけど財産といったって、東京の自宅しかない。地価が高いから、ものすごい相続税です。でも現金はない。

年も年なので、借り入れも無理。とうとう相続のことで思いつめ首を吊った人もいます。乏しいとかまったくないのも考え物ですが、あるから幸せかというとそうじゃない。

なんであっても苦のもとになる可能性はあるんですね。

特に修行者においては、曹洞宗の祖・道元《どうげん》禅師は「学道《がくどう》の人は貧《ひん》たるべし」といわれていますし、日本天台宗の祖・伝教大師《でんぎょうだいし》最澄《さいちょう》も「衣食の中に道心《どうしん》無し。道心の中に衣食あり」といわれています。

私の寺では、仏道修行をしたいという人たちをお預かりしていますが、「修行したいけど、そんな余裕がない。お金がないから修行できない」という心配をしている人の声もよく聞きます。

これは間違いです。

修行はお金があればできるというものではありません。

たとえば一ヶ月留守にして、お寺や山にこもって修行する。その間の収入がない。

留守していようと、家賃や光熱費の基本料金はやはり出ていくわけです。

人によってはローンもあるでしょう。

だとするなら、生活は小さいほうが何とかしやすい、一か月十七、八万円くらいで暮らしている人と百万円近い収入の人とでは、後者のほうが留守はできないのです。二十万円弱のお金なら、借りるとか、簡単とはいかなくとも何とかつくれる可能性はあります。百万円ではなかなかそうはいきません。

お金に余裕があったら修行するなどという人は、所詮、本気で修行などできません。

極端な話、昔の禅寺《ぜんでら》などでは裸一貫で寺に入門を乞《こ》い、何日も門前で座り込んでお願いし、その心意気を許されてから、初めて寺に入れてもらえるというのが普通でした。

私は曹洞宗門の大学にいましたので、今はどうだかわかりませんが、当時は「禅学特講」という必修授業がありました。

そこでご僧侶の講師方《がた》から聞きましたが、禅寺ではそうやって入門を乞うと、はじめは口頭であっさり断られるのです。

そこで「何とかお許しください」と座り込む。「旦過詰《たんがづめ》」というそうです。

そうやっていても終日も無視されるか、しまいには坊さんが出てきて「帰れ」とののしられる。

昔は蹴られたりもしたそうです。

ややあって、食事などは出されるそうです。もちろんその場（外）で食べるのです。

そうやって、雨が降ろうが、風が吹こうが、何日か座り込んでいると、やっとお許しが出て寺に入れてもらえる。

ところが、次はお客さん扱いです。掃除一つしなさいといわれず、上《あ》げ膳《ぜん》、据《す》え膳《ぜん》で朝夕、無《む》為《い》に過ごす毎日です。ここからが本当の正念場《しょうねんば》です。

そこのところを土下座するような気持ちで、どうか修行をさせてくださいと何度も頼むのです。

それが許されると、はじめて「初心の修行者」になれる。というより修行者見習いになれる。

ただし、このレベルでは修行といってもお掃除などの雑役《ざつえき》「作務《さむ》」が許される段階です。

坐禅などをさせてもらえるのは、まだまだずっと先です。

以上は禅宗のお話ですが、よその宗派でも厳しいことは大概同じです。

ですから最近は坐禅したりお経を読んだり、お掃除などしてそうした僧侶の生活を体験する「一日お坊さん修行」のようなものもありますが、あれは一人前の僧の所作《しょさ》であって、初心の入門者のものではありません。

もちろん仏道に触れることですから、決して悪いことではなく良いことですが、実際は修行というよりは、一日お坊さんの体験をしてみるにすぎません。

そういう修行は、まあ少し余裕があったらしてみたいという人にはいいでしょう。

仏道修行でなくても、何でも本当にやりたいことをやるなら、漫然とお金がないなどといっていないで、前に少しでも進む努力をすることが大事です。そうすれば、必要なものもお金もだんだんと集まってきます。

そういうことを考えずに、ただ「お金があればなあ」などといっていては、少しも前に進みません。お金やものによって自由になるというのはある程度はそうですが、最後までは違うのです。どうすれば自由になるのかといえば、『般若心経』にある「無罣礙《むけいげ》」という言葉、それです。

単純にいえば、「ひっかからない」ということ。

乱暴なことをいえば、金銀財宝を山のように集めてみたところで、それも日常のこととなれば喜びもないでしょう。

収入二十万円しかないところに一万円の臨時収入が入れば、とても喜びます。

それに対して月三百万円の収入をもらっている人が、一万円もらっても前者ほどの喜びはないでしょう。

ある水準になればそれが当たり前になるというのが、人間の習性だからです。だから望みは無限になくならない。

だからこそ成長や発展があるといえば、それも一面の真理です。

でも、いくら成長しても発展しても、本当の意味では自由にはならない。

たとえば将来、リニアモーターカーとかいうものができれば、東京から大阪まで一時間で行ける。そうなれば出張手当なんてないでしょう。酷《ひど》いと二往復して自宅に帰る羽目になる。

もっともっと仕事をしないといけない。そうすればもっともっと規模が大きくなれる。すると収入がもっともっと増えて……自由が買えると思っているのです。こんな風にどこか心の底にインプットされています。

うちはそんなに二往復もしないでも……みたいなことをいっていると、よその会社に追い抜かれて倒産しかねない。

それで馬車馬みたいに目の前につるしたニンジンを追いかけて、死ぬまでバタバタしている。

出離というのは、それ自体は簡単なこと。

そこから離れた目を持つこと。

日常の価値観と違う目で人生を見ることです。

もちろん私たちは、普通に仕事して勉強して会社行って……の中で生きています。これは否定できないことです。誰も食わしてはくれないですからね。それどころか家族の分も肩にかかっている人だって多い。

でも、その中で、違う目でものを見ることができる。

ここが出離の第一歩です。

一心不乱に身を粉にして働くことは、大切なことだけど、「いちばん大切なこと」ではない。働くことが「いちばん大切なこと」といえば道徳的には聞こえがいいけど、そうじゃない。

お釈迦さまを見てください。王国を継《つ》ぐ身なのに、病人や年寄りや死人を見て、驚いて城を飛び出して、出家してしまった。

お釈迦さまは、「これ、なんとかしないと……王国の跡取《あとと》りがどうのとかいう問題どころじゃない」と考えたわけです。王さまや大臣たちから見れば、困ったバカ息子です。まったく道徳的でもない。模範生じゃないわけです。

違いますか?

失礼ながらお釈迦さまは、心理学者にいわせれば、今でいう「発達障害」かもしれないですね。

でも、そのお釈迦さまが出家されて、出離の悟りを得られたので、仏教ができたわけです。

お城で一生懸命、帝王学をまなんで政治をやっていたら、「金輪聖王《こんりんじょうおう》」という立派な政治家になれたというけど、そちらはやめられたわけです。

お釈迦さまにはそういう使命があった。「大通結縁《だいつうけちえん》」といって、『法華経《ほけきょう》』の教えなどでは何度も生まれ変わって似たようなことをしているのがお釈迦さまなんですね。

私たちは仕事を辞めて飛び出しても、大概はどうもなりません。

公園などで段ボール紙を敷《し》いて寝るくらいのもの。

それはお釈迦さまがもう、代わりにしてくれました。

だから、それはしないでいいのだけど、考えてもみてください。

死なない人はないのです。

やがてはあなたも私も死にます。お釈迦さまだって亡くなったのです。

そうして最後に人は何を思うでしょう。

「もっと自分らしく生きればよかった」

「もっとしたいことをすればよかった」

「あんなに無理して働かなくてもよかった」

「もっと交友を楽しむべきだった」

と、いろいろあるようです。

ここでいう出離とは、もちろん仏教的な意味でいっているのですが、その第一歩は人生にウソがあってはダメということです。

自分にウソがあってはダメなのです。

出離の第一歩は視点を変えること。あなたが本当にほしいのは何でしょう。

そして、なぜそれがほしいのですか？

あなたがそれを手に入れたらどうなるのですか？

聖天さまなどの神仏に祈願をする前に、ただただ、このことをご自分に聞いてみてください。

出離はいろいろなものを手に入れた最後に求めるものではないのです。

また、欲を捨てねば求められないものでもありません。

捨てるのは執着です。本当は別なものがほしいのに、ひょっとして代用品に執着しているのではないですか？

出離のために欲を去るのではありません。

逆なのです。

出離を得れば、いらないものがわかるのです。

ですから、初めから出離を求めれば、もっとあなたは自由になれるのです。

第六章　お祀《まつ》りとお勤《つと》めの仕方

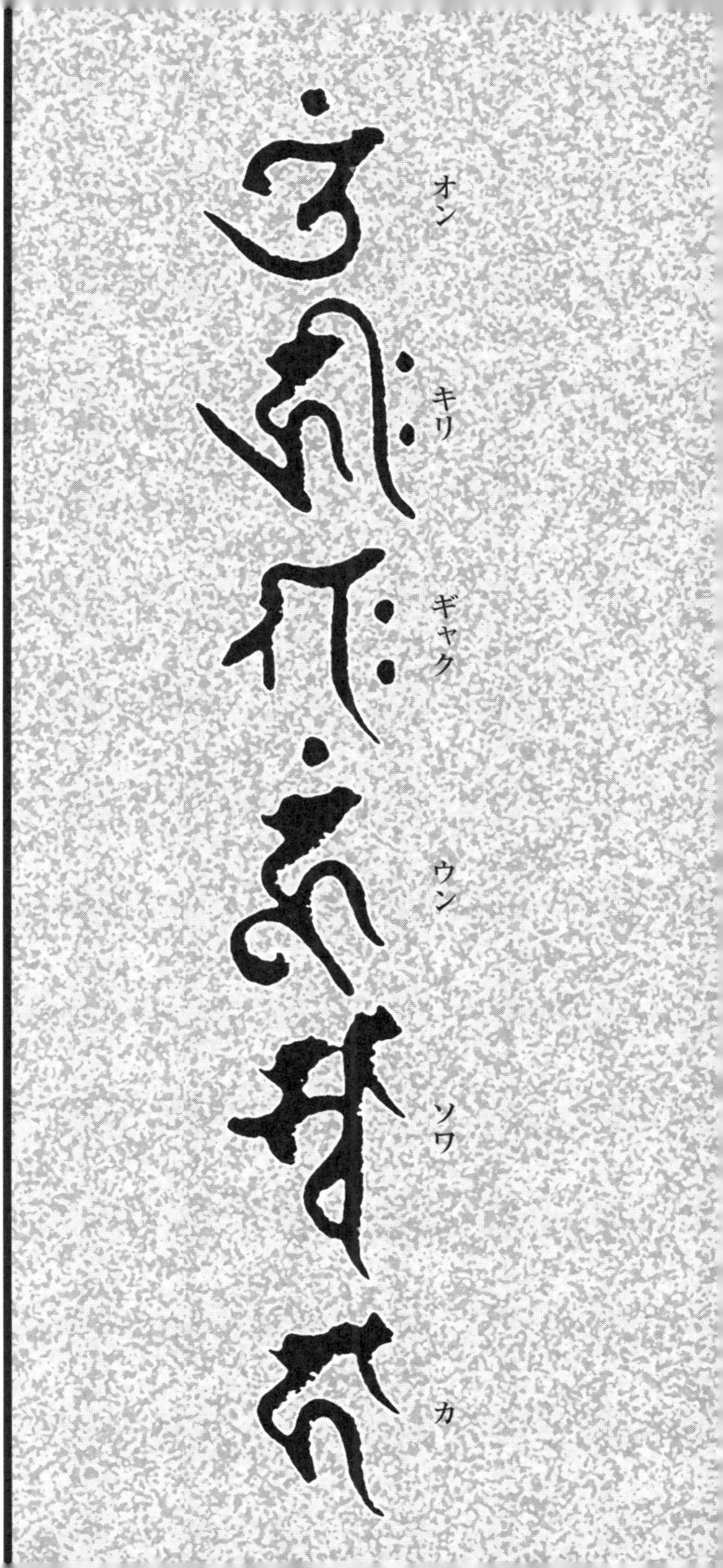

お札《ふだ》のお祀りの仕方

一般家庭での聖天《しょうでん》さまの信仰では、「お札」をお祀りします。ご尊像《そんぞう》（仏像や仏画）は、古来、一般家庭では祀らないことになっています。

お札は、聖天さまのお寺に置いてあるところもありますが、祈願して初めてつくるというお寺もありますので、ご縁のあったお寺に直接お尋《たず》ねください。

大切なことなのでくり返しますが、聖天さまは、在家《ざいけ》の一般家庭では、お祀りするのはお札で、ご尊像は置いてはいけないというのが原則です。ご尊像を持っている在家の人が、お祀りしきれず、順々にお寺に納めに来るので、大変な数のご尊像をあずかっていると、ある聖天さまのお寺で聞きました。くれぐれもご尊像のお祀りはやめておくことです。

さて、お札をお祀りする場所ですが、仏壇はもっともいけません。

お寺のものだからといって仏壇に入れてしまう方がありますが、仏壇は絶対いけません。一般家庭の仏壇は、ご先祖や亡きご家族の回向供養《えこうくよう》の場であり、祈願の場ではないからです。

そういうものをごっちゃにしてはいけません。

仏壇は、家の中で聖天さまを祀るのに一番よくない場所といっても過言ではありません。ましてや仏壇には各家ごとの宗派による形式がありますから、その宗派の認めるもの以外は置かないのが普通です。たとえば浄土真宗《じょうどしんしゅう》や日蓮宗《にちれんしゅう》では、聖天さまは祀りません。

また、聖天さまがご本尊のお寺は葬式をしないところがほとんどです。これは葬儀や回向と聖天信仰は、まったく別な世界だからです。したがって仏壇はまず聖天さまを置くべきところではありません。

余談ですが、お寺というと不祝儀《ふしゅうぎ》と思ってか、時々《ときどき》聖天さまへのお供《そな》えや祈祷料の袋を、白黒の「のし袋」で持参する人がいますが、あれは間違いです。普通の紅白の無地《むじ》の「のし袋」でいいのです。お花も葬式のように黄色と白しかお供えしない人がいますが、よくありません。赤や紫の色とりどりのお花もたくさん供えてください。

祈願ごとですから、すべてが不祝儀とはまったく異なります。これはお不動《ふどう》さまでも観音《かんのん》さまでも、祈願なら紅白の無地の「のし袋」で大丈夫です。お菓子などの「のし」も同様です。

さて、お祀りする場所として次に考えられるのは神棚《かみだな》です。ここは一応はオーケーなのですが、聖天さまはお線香をあげますので、神棚にお線香が変だと思うのなら、やはり別にすべきです。

理想的なのはまったく別に祀ること、つまり聖天さまだけをお祀りするための専用の祭壇《さいだん》を設《もう》けることです。

お札は「お宮《みや》」に入れます。むき出しはあまりよくないですね。よく「ご利益《りやく》がなかなかない」などという人は、ろくにお祀りもせず、ただ鴨居《かもい》に突き刺したり、はなはだしくは袋に入れたまま机の上に放ってあったりする人がいますが、これではご利益の「あらわれよう」がありません。

なぜなら、そうした行為は「無関心」の表《あらわ》れだからです。

真摯《しんし》な心で向かわないなら、お札もただの紙や木にすぎませんから、バチが当たらないまでもご利益のあらわれようはないのです。

丁寧に扱えば扱うほど、聖天さまは強いご威徳《いとく》を発揮する天尊《てんそん》です。

ここのところは聖天信仰の急所でもあり、最重要な部分です。ぜひ覚えていてください。

お札をお祀りしたお宮は、私の師匠の口伝《くでん》では、扉をちょっと開けておくのだといいました。

そこから聖天さまが出入りすると考えるようです。

実際は神さまですから、閉めてあろうとなかろうとそこは関係ないのですが、そういうイメージが聖天さまとのつながりをより具体的でリアルにしてくれるからです。これもそういう意味の工夫ですから、そうでないと出入りできないわけではないのです。

お供えは、清水《せいすい》やご飯のほかに、魚や肉のような動物質の食品でないものなら何でもいいのです。ご飯は炊《た》いたものがいいですが、洗米《せんまい》で代用してもいいでしょう。炊けたらイの一番に聖天さまにあげましょう。たくさんはいりません。

そのほかには、特にお菓子や果物は喜ばれるといいます。

それから大根・お酒・あんもの（あんこを使ったお菓子）は、ぜひ供えたい聖天さまの三大好物です。これら全部を毎日は大変だというなら、一日や十六日といったご縁日《えんにち》だけでもいいでしょう。熱心な人は毎日でも供えています。

一度聖天さまの霊験《れいげん》あらたかなことを体験すると、そうしたくなるようです。ただ、そこまでしないでも聖天さまは食いしん坊ということになっていますから、日常的に食べ物はなにかしらおあげしてください。

神道《しんとう》の神さまのようにお塩をあげる必要はありません。

甘党の聖天さまにすっぱいものはいけないというので、ミカンやハッサクなどの柑橘類《かんきつるい》はあげないといいますが、今の柑橘類は甘いので問題ないでしょう。

ほかに梨やレンコンがいけないとかキノコ類はあげてはダメとかいいますが、いずれも根拠が希薄な俗説ですので、差し上げて一向にかまわないと思います。

また、チーズやバター類が入っている洋風のお菓子は、動物質だからいけないという人もいますが、乳製品はインドでは「精進《しょうじん》」（動物性の食べ物とはみなさないということ）です。お釈迦さまも尼連禅河《にれんぜんが》のほとりで村娘スジャーターから、悟りを得られる直前に牛乳粥《がゆ》を供養されて召し上がったのは有名な話です。私の考えですが、差し支えはまったくないはずです。

寺院などでは荘厳《しょうごん》の意味があるので一日中お供物が置いてありますが、一般家庭ではあげたらしばらくおいてから下ろして食べてもいいのです。

いつまでも置いておいて、カビが生えているようなことがあってはかえっていけません。

なお、聖天さま独特のお菓子で、「歓喜団《かんぎだん》」という餡子《あんこ》の入った巾着型《きんちゃくがた》の揚げ菓子がありますが、日本でつくっているところは数えるほどしかなく、値段も安いとはいえないので、専門の行者《ぎょうじゃ》はともかく家庭では必ずしもお供えする必要はないでしょう。

ただし、揚げたお饅頭《まんじゅう》などで代用できるといいますし、また「伏兎《ぶと》」というお菓子で代用もしますが、伏兎は奈良と京都で一軒ずつつくっている和菓子店があるくらいで、歓喜団以上に手に入りにくいお菓子です。

お香は線香がもっとも使いやすいでしょう。これもあげればよいというものではなく、なるべく香りのよい上質のものを選んで使います。

あげる線香の本数を何本かと問う人がいますが、線香は江戸時代にできたもので、本来が何本という決まりなどはないのです。一般的にいえば一本か三本が多いでしょうが、わが天台寺門《てんだいじもん》宗《しゅう》のように二本という宗派もあります。おうちでは、あまりそういうこだわりはいりません。

ロウソク（灯明《とうみょう》）は左右に、お花も左右に。それが無理なら、向かって左にお花、右にロウソクをともします。このロウソクは火災予防上、ロウソク型の電灯でもいいでしょう。

お花はお好きな色花でいいのですが、とげのあるバラなどは避けます。

お花の代わりにシキミでもいいです。シキミは年中、花のあるインドと違って、冬場ほとんど花の咲かない日本で代用とされてきました。シキミは五葉《いつば》、四葉《よつば》の房葉《ふさば》が花のように見え、おまけに良い香りがしますから、青蓮華《しょうれんげ》にたとえられます。神道で重んじる榊《さかき》は、香りがないので使いません。

これでおおむね、聖天信仰のための道具立てはオーケーです。

それから、「打ち鳴らし」という仏具は用意しましょう。やはりお経や真言はあげていただかないといけませんから。打ち鳴らしは一般家庭用のものは「お鈴《りん》」ともいって、仏具屋さんで普通に売っています。

なお、打ち鳴らしを打つことを考えると、手の届きにくいあまり高いところにお札をお祀りするのはお勧めできないということになります。目線くらいの高さの場所が一番いいでしょう。

ちなみに私の師匠は、聖天さまは昔のように屋敷内の奥深くに人知れずに祀らずに、家族の集まる居間《いま》に祀るようにといいました。

つまり、テレビを観たり食事をしたりする、皆のいる場所がいいんです。なぜなら聖天さまは、お祀りした時からあなたの家族だからです。

聖天さまをお迎えするのは「お舅《しゅうと》さんを迎えるのと一緒」と、よく師匠はいいました。現代は核《かく》家族化が進んでいるのでこの感覚はちょっとわからない人もいるでしょうが、ちょっと恐くてうるさいけど、やはり愛をもって接すべき存在なのです。

だから街に買い物に出かけておいしそうなお菓子や果物を見たら、買う時は必ず「聖天さまの分も買っておこう」という、その心を何より喜ばれるのだと、よく教わりました。

つい、存在を忘れて仲間はずれにしたりすると「ふん、どうせ、わしゃよそ者だ」というお舅さん風にへそを曲げられてしまうと教えられました。

こういう比べ方はふさわしいとは思いませんが、たとえワンちゃんや猫ちゃんでも、飼えば決してその存在を忘れてはならないでしょう。

ましてや神さまですから、いつもおうちにいらっしゃることを意識しなくてはいけません。

聖天さまは、ユニークな神さまです。不思議な家族が一人増えたと思って接することです。

その意識のあるなしで、全然変わってきます。

こんな話があります。

昔、あるお寺の小僧さんが、和尚さんに、聖天さまにあげるお酒を買ってくるようにと買い物に出されました。

しかし、帰りにどうしてもお酒が飲んでみたくなった小僧さんは、何か簡単な賭《か》け事《ごと》をして聖天さまと勝負したそうです。今でいえばコインの裏表《うらおもて》を当てるような簡単なものでしょう。

そしたら、小僧さんが勝った。それで聖天さまのお酒を飲んでしまったそうです。

寺へ帰って和尚さんからひどく怒られたことはいうまでもありません。

そしたらお堂のほうから「そう怒るな。俺が賭けで負けたのだよ!」と、聖天さまの小僧さんをかばう声がしたというのです。

これは「負けたの聖天」というお話ですが、つくり話ではなく、そういうことが実際あったのでしょう。私はそう思います。

そういうことがあっても不思議じゃないと思えるのが、聖天さまなのです。

もし、会社などで聖天さまのお札をお祀りする場合も、これに準じて考えていただけばいいでしょう。

社長の信仰が基本ですから、社長自らがしっかり奉仕することです。

聖天さまのお世話を人任せにするようでは、ご加護はうすいでしょう。

あなたがもし社長だったら、大事な大事な賓客《ひんきゃく》のお世話を、人任せにしますか?

関西などでは、「社長は聖天さまで私は番頭です」といいきる熱心な聖天信者の社長さんもいるくらいです。

ただ、店舗などでは顧客の中にもいろんな人がいますから、中には信仰に難癖《なんくせ》つける人がいて不愉快な思いをしないとも限らないので、あまり表に出さず、事務室などでお祀りする方もいます。

別に信仰を隠す必要はないですが、そのほうが無難《ぶなん》で気持ちよく信仰ができるかもしれません。

何も人に見せるための信仰ではないので、それでもいいでしょう。

祀る方位《ほうい》を気にする方がいますが、一般に神さまは聖天さまに限らず、西北か南西、もしくは北に置いて南に向けるのがいいといいます。また、一説に南は「調伏《ちょうぶく》」(邪悪なものを退けることだが、慎重でなければいけないとされる)になるのでいけないとされます。

しかし、どの方位であれ、あまり気にしないでもいいでしょう。

方位より、まず、お勤めのしやすさのほうが重要です。

お勤めの仕方

自宅に聖天さまのお札をお祀りしたら、お札に向かってのお勤め（勤行《ごんぎょう》）をしましょう。お勤めは、毎日おこなうのが望ましいです。

聖天さまのためのお勤め用のお経本《きょうほん》については、聖天さまをお祀りしている大きなお寺に行けば、必ず販売されていますから、それを購入して、読経《どきょう》してください。

お経本の内容は、『般若心経《はんにゃしんぎょう》』『観音経《かんのんきょう》』『十一面観音随願即徳陀羅尼経《じゅういちめんかんのんずいがんそくとくだらにきょう》』『大聖歓喜天使呪法経《だいしょうかんぎてんしじゅほうきょう》』などが一般的で、これに聖天さまや関係する諸尊《しょそん》の真言《しんごん》がつきます。

このようなお経本が入手できない場合は、一般によくあげる『般若心経』や『観音経』だけでもいいのです。ただし、そういう場合でも、聖天さまのご真言「オン・キリ・ギャク・ウン・ソワカ」は必ずあげましょう。

なお、「オン・キリ・ギャク・ウン・ソワカ」は天台宗系の読みであり、真言宗系の読みは「オン・キリク・ギャク・ウン・ソワカ」となります。

しかし、日本でもっとも有名な聖天さまのお寺の一つである「生駒《いこま》の聖天さま」（奈良・生駒山寶山寺《ほうざんじ》）は、真言律宗《しんごんりっしゅう》のお寺であり真言宗系なのですが、天台宗系と同じ「オン・キリ・ギャク・ウン・ソワカ」という読み方をされていると聞きます。これには独特の理由があるそうです。

なんでも、ご真言のはじめのキリクの「ク」を抜いて、あとのギャクの「ク」を入れるのは、「苦（く）を抜いて福（ふく）を入れる」という意味があり、聖天さまのご本誓《ほんぜい》に沿《そ》うからだと聞きました。

どちらの読み方でも優劣はありません。

さて、お数珠《じゅず》と半袈裟《はんげさ》も、あれば購入しましょう。

半袈裟というのは半分が輪になっていて半分が紐《ひも》で結《ゆ》わえてあるもので、在家《ざいけ》の方《かた》用のお袈裟です。自宅でのお勤めやお寺へのお参りの時に首にかけます。

しかし、半袈裟は、なければなくてもかまいません（聖天さまのお寺でわけて下さるところもあるようです）。

でも、お数珠は絶対になくてはなりません。

お数珠は元来、真言などをたくさん唱える時に数を取るための道具です（今風にいえば「カウンター」ですね）。通常は七個目、二十一個目に小さな珠《たま》があって、意識して数えないでも大体の数がわかるようにつくってあります。全部で百八顆《か》あるのが普通です。

ご真言は、なるべく多くあげます。欲をいえば千遍《べん》、無理ならせめて百遍《ぺん》はあげたいものです。

そのくらいの時間をかけて、ゆっくり聖天さまには向き合うことが大事です。何もいっぱいあげるのは聖天さまのためではなく、基本的には自分のためです。ゆっくり向かい合って気持ちを通わすことで、聖天さまのお働きもあらわれるのです。別に精神統一などは特に意識しないでも大丈夫です。

昔から天部の神さまは、そういう精神統一のようなものはなくても、気持ちが通えばご利益があるとされています。

なお、数珠の珠は、左から右へと繰《く》っていきます。右のほうに繰るということは、時計回りに、ご真言一回につき一珠ずつ動いていくことになります。

右から左へと反時計回りに繰るのは、特殊な場合のみです。

なお、お勤めに先立って、「塗香《ずこう》」を手に塗ってお清めします。これはインドの習慣から来ており、「香合《こうごう》」という容器に塗香を入れて、祭壇の近くに必ず常備するようにします。塗香は、比較的大きな仏具屋さんやお茶道具などを扱うお店においてあります。

お勤めの最後には、必ず次のような「回向文《えこうもん》」を唱えましょう。

「願《ねが》わくはこの功徳《くどく》を以《も》って普《あまね》く一切《いっさい》に及《およ》ぼし　我《われ》らと衆生《しゅじょう》と皆《みな》ともに仏道《ぶつどう》を成《じょう》ぜんこと

を」

仏教には、善行《ぜんぎょう》をすると「功徳」が生まれるという考え方があります。そしてその功徳を独り占めせず、利他《りた》のこころによって、輪廻の中にいる一切衆生《いっさいしゅじょう》（すべての生きとし生けるもの）に回し向ける（普回向《ふ》）ということを大事にします。お勤めも善行であり、功徳が生まれますから、最後に必ず回向文を唱えて、功徳を一切衆生に回し向けます。これをすることによってあなたの聖天信仰は、単なるご利益信仰にならず、「仏教信仰の一つとしての聖天信仰」になるのです。

なお、お勤めの前後には、必ず合掌《がっしょう》して「南無大聖歓喜天尊《なむだいしょうかんぎてんそん》」もしくは「南無大聖歓喜双身天王《なむだいしょうかんぎそうじんてんのう》」という聖天さまのご宝号《ほうごう》を、三遍唱えながら礼拝《らいはい》します。

さて、よく、お経はなかなか覚えられないからという理由で、読経も何もしない人がいますが、お経は別に覚える必要などありません。そのまま経本を読めばいいのです。専門の僧侶でも、読経する時は、正しくは手に経本を持って、それを読み上げるのです。

「お経はなかなか覚えられない」などという人に限って、ろくに読みもしないのです。

そのような物言いは、「億劫《おっくう》だからしたくない」という言い訳でしかありません。聖天さまの祭壇はインテリアや飾りではありません。そんな程度の気持ちなら、はじめから聖天信仰などしないことです。

そんな程度でご利益がないといわれても困ります。

聖天さまは、「生きた存在」として接するからこそ、働かれるのです。

先に申し上げた、「聖天さまは丁寧に扱えば扱うほど強いご威徳を発揮する」というのも、同じ意味です。

また、ご真言はお経と違いすぐに覚えられますから、暗唱できるはずです。

聖天さまは密教の神さまです。密教では、どちらかといえばお経より真言が重視されます。ですから、お経でなく、もっぱらご真言だけをたくさんあげてもいいのです。

密教の行法《ぎょうぼう》の柱となるのは、「念誦《ねんじゅ》」（真言を数多く唱えること）です。護摩《ごま》でも浴油供《よくゆく》でも、専門的にいえば、実は念誦作法の延長でしかありません。

念誦ということを抜きにしたら、密教行法はメインディッシュのないディナーよりもはるかにひどいものです。

どこの話だか又聞《またぎ》きですが、加行《けぎょう》という密教の基礎の行で、本尊の真言を念誦千遍繰《く》るべきところを、毎回わずか三遍か七遍くらい繰って終わりにしたという、とんでもない話を聞きました。

どこでした加行だか知りませんが、これは耳を疑いました。酷いこともあったものです。

はっきりいって、それではまったく行になりません。そんな状態で灌頂壇《かんじょうだん》（密教の奥義を阿闍梨《あじゃり》から伝授される場所）まで進む行者が増えれば、密教は早晩滅《そうばん》ぶでしょう。

仏法を馬鹿にするにも程度があります。まさに「仏眼《ぶつげん》の照見《しょうけん》、恥ずべく、恐るべし」でしょう。

なぜなら念誦は、百遍以下では行法が成立しないことになっているからです。

密教の加行なら、真言宗系でも天台宗系でも何流であろうと、まず一座《いちざ》千遍が当然の決まりです。

こんないいかげんな行しかしない僧侶よりは、在家の熱心な信者の方のほうが、はるかに仏教者としても立派でしょう。

事実、聖天信者は皆、拝むことは大変熱心です。

在家の方でも熱心に百遍から千遍の真言をあげれば、まず申し分ない修行でしょう。

念誦だけひたすら繰っても、一心不乱であれば感応《かんのう》は起きます。

なお、お数珠の玉は百八顆ありますので、百遍の念誦とは実際は百八遍の念誦に当たりますし、千遍繰ればすなわち千八十遍になります。

まず、願いごと以前に、聖天さまと心通わすため、なるべくご真言を念誦しましょう。

願いごとがなければ祈らないということ自体がおかしいのです。

私の持っている次第には聖天真言だけを一座一万遍というものもあります。

第七章

聖《しょう》天《でん》さまのご祈《き》祷《とう》

三力偈《さんりきげ》

普通、聖天信仰において、心願《しんがん》をお持ちの信者の方は、ご自分で朝夕に聖天さまへのお祈りをするほかに、聖天さまをお祀《まつ》りしている寺院にも「ご祈祷」（祈願《きがん》）を頼むことが多いものです。

密教《みっきょう》の護法神《ごほうしん》である聖天さまには、祈願においては多くの場合、当然ながら密教の教えにもとづくご祈祷が修されます。

密教のご祈祷と顕教《けんぎょう》のご祈祷は、どう違うか？

まず、密教では、霊験《れいげん》の生まれる原理が説明されています。

それが「三力偈」という偈文《げもん》で表現されていますので、紹介しましょう。


「以我功徳力《いがくどくりき》　如来加持力《にょらいかじりき》　及以法界力《ぎゅういほうかいりき》　普供養而住《ふくようにじゅう》」

（わが功徳の力、如来加持の力、及び法界の力をもって　普《あまね》く供養して住する）


というものです。つまり、霊験とはまず自分の功徳、次に本尊の誓願《せいがん》力、そして環境の力の三つによって生まれます。これら三つが合わさることを「三力冥合《さんりきみょうごう》」といいます。

「以我功徳力」とはその人の徳分《とくぶん》、福分《ふくぶん》をもってという意味です。果たして祈願の依頼者がどのような因縁《いんねん》を持っているかということです。

人によっては福分に差がありますが、それはすべて自分のおこなってきた業《ごう》によるものですから、ここは我々の責任領域です。

ですから、「徳を積む」ということがどうしても大事なのです。

ただ供物《くもつ》や金銭を費《つい》やせばどうにでもなるというものではないのは、このためです。どうも自分は福徳《ふくとく》が薄いのではないかと感じられる方でも、日々意識して善きおこないに精進《しょうじん》（努力）すれば、そこは段々と変わってきます。因縁といっても、これは何も必ずしも前世でどうのこうのという話ではないのです。

因縁は日々、いま現在も、我々の振る舞いや言葉や思いによって、時々刻々《じじこくこく》つくられています。小を積みて大となすのは、何事《なにごと》も同じです。「戒《かい》」が大事なのもここのところです。

次の「如来加持力」というのは、本尊の加持の力（偈文では「如来」とありますが、菩薩・明王・天部、本尊となりうる神仏すべてを指しています）であり、簡単にいえば神通力《じんづうりき》のことです。これは仏の領域ですから、本尊に任せる以外ないでしょう。

ただし、誓願にないことは叶いにくいでしょう。

どういうことかというと、どのような目的でその仏像がつくられたかによるということです。たとえば交通安全および事故死者の供養のために建てられたお地蔵《じぞう》さまのお像に、商売繁盛《しょうばいはんじょう》を祈っても、うまくいかないかもしれません。それは尊像建立《そんぞうこんりゅう》の目的が違うからです。

聖天さまも、すべてのお像が、信徒の祈願のために勧請《かんじょう》（お寺に祀られること）されているとは限りません。

寺院の鎮守《ちんじゅ》を目的としてのみ勧請された尊天《そんてん》と、信者の要望に応えるために日々心願が祈られている尊天とでは、自《おの》ずから働きに違いがあります。

また、個人の守護神のようなものもあります。たとえば東京・赤坂の豊川稲荷別院《とよかわいなり》というのがあります。

豊川稲荷別院にお祀りされているのは「ダキニ天」（豊川稲荷のダキニ天は特に「豊川吒枳尼真天《とよかわだきにしんてん》」とよばれます）という女神さまで、仏教のお稲荷さまです。実はダキニ天も、聖天さまと人気を二分するほどの、強力な現世利益《げんぜりやく》の神さまです。

このお稲荷さまは、もともとはテレビドラマの時代劇でもご存じの名奉行《ぶぎょう》・大岡越前守忠相《おおおかえちぜんのかみただすけ》が信仰する私的な守護神でした。

しかし、のちに一般に開放して、皆に参詣《さんけい》が許され、今日の豊川稲荷別院となりました。この時点でお稲荷さまが、大岡家の守護神から庶民的な祈願の対象に、立ち位置が変わったわけです。このお稲荷さまの場合は、大変上手に立ち位置が変化したケースといえます。

しかし、すべてが同じようであるとはいえません。

聖天さまにも寺の奥深くに眠っている方がたくさんいますが、寺の鎮守として勧請されたのか、はたまたどこかの名家や豪商の守護神だったか、それはわからないのです。

聖天さまのお像などが古美術として売っていても、やたら買ってきて祀ってはいけないといいますが、それは一つにはどんな願いを秘めているのかがわからないからです。

極端な話、大昔にだれか敵を倒すために個人的につくられた尊像であれば、それはそういう調伏《ちょうぶく》的な目的以外はききがたいという、恐い存在になります。

ですから、聖天さまならなんでもいい……などと考えるのではなく、多数の信者の祈願をしているお寺に信心《しんじん》を運ぶのが大事なことなのです。

さて、「法界力」とは、功徳力と加持力を取り囲む環境のすべての力といってよいでしょう。たとえばお寺への距離、いつお参りできるかの時期、どのような行者さんがどのような祈祷をするのかなど……それ以外の一切の要素がこれです。

行者からみれば、この法界力に、信者さんの功徳力が入ります。やはり、功徳力のある信者さんの願いは叶いやすく、功徳力のない信者さんの願いは叶いにくい……ということがあります。信者さんの功徳力のあるなしは、祈ってみないとわからないことではありますが、祈る前に占いや運命学で鑑定して、ご祈祷の参考にする行者さんもいます。私の場合は、密教占星術を使って鑑定させていただいています。

さて、密教では、すべてのご祈祷がこの三力によって成り立つと考えています。

これに対して顕教のご祈祷は、もっぱら、読経《どきょう》・懺悔《さんげ》・礼拝《らいはい》という方法であり、加持という概念がないので、自らの功徳力を増すことが主眼となります。功徳力が増せば問題は解決すると考えます。

この功徳力がもっとも大事であることは、密教でも同じです。

だから、なかなか祈願が叶わないからといって、ここの聖天さまはご利益が薄いから叶わないとか、拝《おが》んでいる行者が未熟だから叶わないとか、祈願方法が良くないのだとは限りません。圧倒的に自分の徳分が薄いことが、一番の問題である場合が多いのです。

だから、聖天信仰に限らず他の神仏への信仰であれ、「ここはご利益がないから他へ……」というのは、安易に考えるべきことではないのです。

そうやって、あちらの聖天さま、こちらの聖天さまと、ほうぼうに尋ねていっても、結局、そういう人の心願は叶わないことが多いのです。

現にたまさか、よそでさんざんお祈りしたけどダメなので、私の寺で拝んでくれという人もいますが、概《おおむ》ねそんなことは無駄なのです。

最初にご縁《えん》を頂《いただ》いた聖天さまのお寺で、じっくりと腰を落ちつけて信仰することが大事です。

いってみれば祈願も、そのままに修行なのです。

もちろん、たとえ功徳が薄くても、自在神力《じざいじんりき》の聖天さまは大きなご利益をくださることはあります。

でもそれは、最初のうちだけです。

功徳の薄い分は、いわば聖天さまに対する「功徳の借金」のようなものになっているのです。

借りた借金は返さなくてはいけません。ですから、心願が叶ったら必ず感謝し、その後も善きおこないをしていかねばいけない。それが返済です。

仏教者として精進していくべきなのです。

そこがなく、一向に借金が返済されないと、しまいにはせっかく得たご利益を、滞納した借金のように強制的に取り立てられるかもしれません。

四種法《ししゅほう》

密教のご祈祷の修法《しゅほう》は、「四種法」といって、目的別に、次の四種類に分けられます。

「息災《そくさい》」……災《わざわ》いを消すため、あるいは物事や健康の無事を祈る祈願。

「増益《ぞうやく》」……良いものを増やすという祈願。

「敬愛《けいあい》」……望ましい人の好意を集める祈願。

「調伏《ちょうぶく》」……良からぬものを遠ざけ、あるいは正しきに帰せしめる祈願。「降伏《ごうぶく》」ともいう。

これらに加えて、「延命《えんめい》」といって寿命を延長する祈願、「鉤召《こうちょう》」といって望むものを引き寄せる祈願がありますが、いずれも増益のうちに含めます。

これらすべての祈願のベースになっているのは、最初の息災です。

『蘇悉地羯羅経《そしっじからきょう》』は、天台宗《てんだいしゅう》や天台寺門宗《てんだいじもんしゅう》では『大日経《だいにちきょう》』『金剛頂経《こんごうちょうきょう》』とともにきわめて重要な密教経典ですが、その中に、息災が上成就《じょうじょうじゅ》、増益が中成就《ちゅうじょうじゅ》、調伏（降伏）が下成就《げじょうじゅ》の法として説かれています。

つまり、もっとも勝《すぐ》れて尊いのが息災の法なのです。

この考え方は以前、私が中医学《ちゅういがく》（中国医薬学のこと）で学んだことを思い起こさせます。

東京の亀戸《かめいど》で松江堂《まつえどう》薬局を経営する松江一彦《まつえかずひこ》先生に、特に頼んで、一年間の中医学の講義に加えていただき、おかげでその後「国際中医師」の免許も取らせていただきました。

もちろん、私の場合、お勉強したという「証明書」のようなものでしかなく、医師としての活動は日本ではできませんが……。

さて、漢方の薬には、上薬《じょうやく》・中薬《ちゅうやく》・下薬《げやく》とあるというのです。

上薬というのは、薬効《やっこう》は穏やかであるが常に用いても安全で、恒久的《こうきゅうてき》に体を益するもの。

中薬は、薬効が顕著で、上薬に準じて症状に応じて比較的長く用いてよいもの。

下薬は、症状に対し非常によく効果がみられるが、短期間にしか用いないものです。

これと同じように息災は、常日頃の無事を、日常的に祈るものであり、四文字熟語の祈願の言葉でいえば「家内安全」「身体健康」のようなものです。

これらは人としての基本であり、根幹の部分です。たとえ大金を手にしても、家に騒乱が絶えず体に病重ければ、人は幸せは感じないでしょう。

だから上成就なのです。

なお、息災は「扇底迦《せんちきゃ》」ともいいますが、これはインドの「シャーンティカ」という梵語《ぼんご》（サンスクリット語）の音写《おんしゃ》です。シャーンティカには「平和」とか「平穏」という意味合いもあります。

次の「増益」は、「商売繁盛」や「学業成就」といった祈願ですが、これは比較的長い期間、祈られることでもありますが、たとえば子供さんの「学業成就」などは学校を卒業すれば多くはもう必要のない祈りです。「商売繁盛」も、ある程度儲《もう》けが出ればいらないかもしれません。

まったくいらないことはなくても、店舗の立ち上げや経営のピンチを脱すれば、少し規模を落として祈ることになるかもしれません。

ある信徒さんの会社で、「聖天浴油供《よくゆく》」（後述）をしてあげたら、利益《りえき》が出すぎて困ったという人もいました。なぜ困るのかきいたら、あまり儲かると、変だと思った税務署に痛くもない腹を探られたくないという思いがあるらしいのです。

こういう場合はもう、「商売繁盛」から「社内安全」に祈願を切り替えるべきです。必要に応じてある期間、続けるべきものです。これは中成就の祈祷といいます。

なお、増益は、梵語では「パウシュティカ」といい、「補瑟迦《ふしっきゃ》」と音写されます。

次の「調伏」は「降伏」ともいいますが、これは基本的には妨害や怨敵《おんてき》を退ける祈祷です。梵語で「アビチャーラカ」、音写して「阿毘遮嚕迦《あびしゃろきゃ》」といいます。

これはそういう妨害的物事が発生して、それが終息するまで祈ればこと足りるものです。いってみれば、非常時のみに必要な祈り、常にはいらない祈りであり、これを下成就の法とします。

考えてみれば、上成就の祈願で事《こと》足りる人は、まずもって安定した日常を過ごしている、安定した境涯《きょうがい》といえます。中成就つまり何かしら目的に応じて必要な祈りをする人は、それに準じた存在。下成就は、人間関係において何かむつかしい問題が起きて祈らざるをえないという、波風の立つ境涯の人です。

どのような祈願をしても必要なら構わないのですが、最終的には上成就の祈願に落ちつきたいものです。

これらのうち普通に祈られるのは息災、増益、加えて人間関係の善化を祈る「敬愛」（梵語で「ヴァシカラナ」、音写して「縛斯伽羅拏《ばしきゃらな》」）の祈祷です。

調伏は、極端な話、「怨敵調伏」といって、相手の命を奪うことも含む祈祷とされていますが、それはあくまで古《いにしえ》の戦乱の世でのことであって、現代ではおおむね、裁判での係争《けいそう》、悪質な人の性格の矯正《きょうせい》、そして細菌性の疾患《しっかん》において病原菌の殲滅《せんめつ》などを祈るほかはありません。

調伏のことを、「呪殺」などとよんで、まるで黒魔術か何かのようにいう人がいますが、それは誤解です。衆生救済《しゅじょうきゅうさい》のための「方便《ほうべん》」（巧《たく》みな手だて）としてちゃんとお経に書かれてある、お釈迦さまの教えの一つであることを忘れてはなりません。

とはいえ調伏は、安易に修するべきものでないことも事実ではあります。私個人の考えですが、極端に理不尽な迫害などがあればそれを退ける意味での調伏を修することは、必ずしも良くないこととは思いません。が、それも実際は息災を修することで対処できることがほとんどです。

ちなみにこれら四種法は、現代ではかなり簡略されていることが多いようですが、儀軌《ぎき》を見れば、目的によって各々《おのおの》の真言《しんごん》や印《いん》はもちろん、焚《た》くべき香《こう》、用いるべき衣《ころも》、供《そな》えるべき花、供物の色彩、念誦《ねんじゅ》の声に至るまで、皆、細かくそれぞれに規定されています。

なお、ここで決して忘れてはいけないことがあります。それは、四種法は、単に現世利益を求めるためのものではなく、仏教の本来の目的である「悟り」を求めるために修されるべきものであるということです。すなわち、息災は、心の平安＝寂静《じゃくじょう》を得ること。増益は、進んだ修行の境地を得ること。敬愛は、迷悟不二《めいごふに》と知ること。調伏は、己《おのれ》の悪心煩悩《あくしんぼんのう》を去ることです。

現世的な祈願も、このような悟りとは決して無縁ではなく、相応《そうおう》するものだということを、心に留めておくといいでしょう。

次項からは具体的に、聖天さまのご祈祷ではどのようなことがなされるのかを紹介しましょう。

浴油供《よくゆく》の秘密

聖天さまのご祈祷法は、本書第五章で述べたように、密教のあらゆる修法の中でも「秘法中の秘法」とされています。

特に「浴油供」（単に「浴油」や「お浴油」ともいいます）は、もっとも代表的で、そしてもっとも秘密にされている、聖天さまのご祈祷法です。

聖天さまをお祀りしているお寺なら、大抵、この浴油供を修しています。

ただし、秘中の秘とされますので、これは相当に密教を修練しないと伝授されないものです。

私も密教の世界に入門後十八年を経て、初めて浴油を伝授されました。

宗派やお寺によって違いがありますが、私の師匠の場合は、「十一面観音供《じゅういちめんかんのんく》」を千座《ざ》、「聖天華水供《けすいく》」を千座、前行《ぜんぎょう》としてやりおえた者でなければ、浴油供を伝授しませんでした。

ある有名な聖天さまのお寺でも、やはり十一面観音供か聖天華水供どちらかを、前行として千遍《べん》するのだそうです。

また、代わりに「不動供《ふどうく》」をする流儀もあります。

真言宗では、明確にこうした前行があるとはいわないようですが、それでも「理趣経法《りしゅきょうほう》」などをある程度やっておくとよいと、真言宗の阿闍梨《あじゃり》さまから聞いています。

十一面観音供というのは密教で十一面観音を供養する作法です。華水供についてはまたのちにお話します。

さて、浴油供とは、ゴマ油のお風呂を沸《わ》かして、聖天さまのお像を湯あみするものです。

そのため、聖天さまの祈祷寺院には、必ず「浴油仏」という金属の聖天さまの尊像があります。そしてその尊像が、そのままそのお寺のご本尊というケースがほとんどです。

なお、関西の有名なある聖天さまのお寺は、ながらく金属ではなく木の尊像（これを木天《もくてん》といいます）でお浴油していたと聞きましたが、これはむしろ珍しい例でしょう。

私の友人の聖天行者《ぎょうじゃ》で「日光修験道《にっこうしゅげんどう》」を統括している伊矢野慈峰《いやのじほう》師なども、やはり木天の像で浴油しています。木天は、脂身《あぶらみ》の強い松の芯《しん》でできているので、油をかけても濡れないでうまくはじくそうです。

聖天さまの金属像には、銅《どう》でできたお像、銀《ぎん》でできたお像、金《きん》でできたお像があります。

このうち古来、最勝《さいしょう》だといわれるのは、「金天《きんてん》」といわれる純金のお像です。

これは金がきわめて高価であるので、そう大きいお像というのはないようです。

だいたい一寸《すん》(約三センチ)もしくは二寸(約六センチ)くらいのようですが、金は重いので、小さいお像でも油をかけても流れたり倒れたりがないのでしょう。

こういう小さなお像は、浴油の折、「天座《てんざ》」という金属の専用の台を使います。

次《つ》いで銀でできた銀天《ぎんてん》、銅でできた銅天《どうてん》の順に霊験が鋭いといわれますが、世間で圧倒的に多いのが銅製の天像です。

私個人としては、お像の材質自体によって霊験が左右されることはないと思っています。

とはいえ、お像をつくる側の思い入れは、やはり金が一番あるのでしょう。何せ、大金を投じて思い切ってつくらねば、おいそれとつくれるものではないのです。だとすればその分、やはり当然、気持ちのうえで思い入れが手伝ってくるものではあるかもしれません。

このほか、鉄の尊像や、鍍金メッキした金天仕立ての尊像というのもあります。

しかし、くどいようですが、お像の材質自体によって霊験が左右されるということは、私はないと思います。前述の伊矢野師は木天で浴油していますが、ある選挙で浴油祈祷を頼まれたところ、不思議と得票数まで自然にわかったそうです。もちろん当選です。それほどの霊験があったのです。

すぐれた聖天行者にとって、お像の材質は関係ないということがよくわかります。

ところで、なぜ、尊像に油をかけるのでしょう。

聖天さまはビナヤキャを束《たば》ねる将軍であり大変強い神さまですが、敵対する神々に毒を盛られた時に、観音さまの導きで油の池に入って、その毒を除いたという説話があるとも聞きます。

しかし、もともとインドでは、神像は石像が多く、これに白檀《びゃくだん》の粉やらミルクやら油やらをかけて供養するのが一般的な風習になっているのです。浴油の淵源《えんげん》も、もとはそういうものではなかったかと思います。

また、用いる油も「蘇蜜油《そみつゆ》」といい、インド料理によく使う乳製品のギーに蜜を混ぜたものだろうと思うのですが、そういうものを使っていました。

日本ではこれをゴマ油で代用しているわけです。

密教的にいうと、浴油は「灌頂《かんじょう》」といって、聖天さまを大日如来《だいにちにょらい》と一つにする儀式を模したものです。

「灌頂」は密教を学び終えた行者に対する仕上げの最終儀式で、これが終わると阿闍梨さんになれます。もともとは四大海《しだいかい》の水を集めて頭頂《とうちょう》に灌《そそ》ぐという、インドにおける王者の即位式《そくいしき》から来ています。だから「頭頂に水を灌ぐ」、すなわち「灌頂」なのです。

つぶさには「伝法《でんぽう》灌頂」ともいいます。阿闍梨は梵語で「アーチャーリヤ」で師匠、教師のことです。

ただし伝法灌頂のほかにも、一尊の印と真言を伝える「持明《じみょう》灌頂」、仏との縁結びである「結《けち》縁《えん》灌頂」などの灌頂があります。結縁灌頂は、在家《ざいけ》の人でも灌頂壇《だん》に入ってこれを受けることができます。

聖天さまの浴油供は、もっとも奥義とされる「伝法灌頂」をかたどったものですから、厳重な秘密作法です。

このため、一般にその様子を見ることは、まったく許されません。お堂の内陣《ないじん》で緞帳《どんちょう》をおろして、阿闍梨たる聖天行者が、聖天さまと一対一で向き合って、秘密裡《り》に修するご祈祷なのです。

つまりは浴油供とは、神である聖天さまに、行者が師となって灌頂を授けるという、とんでもない作法なのです。

浴油によって聖天さまは、本地《ほんじ》の大日如来の仏性《ぶっしょう》があらわになり、大変な慈悲の大善神となって働かれるというわけです。

ここでは形のうえですが、行者のほうが立場としては上になります。

もちろん、灌頂をこともあろうに神さまに授けるのですから、これを修する行者は密教の阿闍梨であることが望ましい本来の在り方です。

最近では軽軽《けいけい》に、自分で勝手に浴油をしている人がいるという話も聞きますが、本来そういうものではありません。最低限でも「伝授」を受けなければ、してはならないのが密教のルールです。

さて、浴油は油の温度に秘伝があり、夏はぬるく、冬は熱めにといいます。

一説に「人肌くらいのあたたかさ」という口伝《くでん》があるともいいますが、私の師匠もそうでしたし、これは聖天さまでなく双身毘沙門天《そうじんびしゃもんてん》の浴油をされた野澤密厳大僧正《のざわみつごんだいそうじょう》も「大人数の信者さんの浴油をするためには、そんなにぬるいのでは修法中にさめてしまうから」ということで、いつも熱めで浴油するというお話でした。

それで私もついつい熱めでするのですが、つい油断して油の温度が熱すぎると、不思議と今度は頭が痛くなってくるのです。

自分ばかりでなく、他の行者に拙寺《せつじ》（金翅鳥院《こんじちょういん》）の聖天像で浴油をやらせてみても、私自身の頭が痛くなる時は不思議と必ず油の温度がかなり上がっている時です。

つまり、聖天さまの身の上のことが行者にも体現されるのですが、こういうことは密教では「加持感応《かじかんのう》」とか「感応道交《かんのうどうこう》」といって、行者と聖天さまのあいだではよく起こります。この「加持感応」が前提でご祈祷も成り立っています。

私は凡夫《ぼんぶ》であり、霊能者ではありません。しかし、このようなことは実際に起こるのです。

似たような体験のある行者さんは多いでしょう。

もう亡くなられましたが真言宗の大徳《だいとく》（大きな徳をお持ちの高僧）であった三井英光《みついえいこう》先生は、その著書『密教夜話』の中で、台座の外れた聖天さまのお像を、浴油をする鍋状《なべじょう》の器《うつわ》である「多羅《たら》」に立てるため、直《じか》に針金で縛って足元を固定したら、なんと足の甲《こう》に強烈な痛みが出てしまい、そこで、改めて尊天のおみ足を柔らかな綿《わた》でくるみ直接しめつけないようにしたら痛みが去った……というお話をされています。

このように、しばしば行者の体に体現してくるのです。

そこが聖天さまの聖天さまらしい面白いところです。

聖天さまのご祈祷をするお坊さんのあいだでは、しばしば「聖天さまを恐い」というのですが、そういう不思議が頻発することに対する恐懼《きょうく》や畏敬《いけい》の念から出た言葉でしょう。

これはいわゆる霊感とか霊能とは違い、自分が尊天と感応した結果わかることです。

聖天さまに油をおかけするには専用の杓《しゃく》を用いますが、これが聖天さまにぶつかれば、直ちに杓を置いて印を結び、「大金剛輪印陀羅尼《だいこんごうりんいんだらに》」というお詫《わ》びの真言を唱えます。

在家の方では印までは要《い》らないですが、覚えておくといいでしょう。

これは聖天さまに何か失礼があった時、お詫びにお唱えするものです。

「ナマク・シッチリヤ・ヂビキャナン・サルバ・タタギャタナン・アン・ビラジビラジ・マカシャキャラ・バシリ・サタサタ・サラテイサラテイ・タライタライ・ビダマニサンバンジャニ・タラマチシッタ・ギレイタラン・ソワカ」

といいます。これを三遍か七遍唱えます。

ご無礼が何もなかったとしても、読経《どきょう》や真言念誦《しんごんねんじゅ》の最後に唱えておくと、どこかに自分で気がつかない間違いがあってもそれを補えますので、密教修法では聖天供でなくても必ず最後の結《けち》願《がん》作法にこの印と真言を用います。

一般家庭のお勤《つと》めでも、最後に唱えるといいでしょう。

なお、この杓が当たるということが、行者が病身で健康状態がすぐれなかったり高齢になったりで手元がくるって頻発するような場合は、油をはった多羅の中に鏡を沈め、それに映った尊像のお姿に浴油するという方法もあるようです。

実際、行者は自分で健康状態が普通だと思っても、その実、調子が悪いと修法の上にはあらわれやすく、よく杓が尊像に当たることがあるのです。

さて、七日間の浴油が終わったら、最後にお湯をはった多羅を用意して、油と同じようにお湯を尊像に灌《そそ》いで「浴湯《よくゆ》」し、そののちに尊像を厨子に納めます。

普通、厨子《ずし》の中にはさらに「天覆《てんぷく》」といって「かぶせ物」の容器があり、聖天さまを二重に納めるようになっているものも多いのですが、それがない場合は奉書紙《ほうしょがみ》などを巻いて水引《みずひき》をかけます。

私の師匠は、師匠に聖天供を授けてくれた即真周湛《つくましゅうたん》天台座主《ざす》から「聖天の行法《ぎょうぼう》というのは行者が天尊の下に立って機嫌をうかがいご利益をねだるような、さもしいものではない。聖天尊を前にしては灌頂の師である菩薩として指導し、世の中を善化せしめるよう働かしめるというのが本義だ」と教わり、師匠は私にもそのように教えてくれました。

即真座主猊下《げいか》は、欲のないとても簡素な生活をされていたそうですが、「これという財物とてないが、自分が座主にまでなれたのはひとえに聖天さまのおかげである」といわれたそうです。

さて、普通、聖天さまというのは祈願専門のお坊さんでも恐がる人は少なくありません。先ほどのような具体的な不思議があるからです。むしろ、お坊さんだからこそ、そういう聖天さまのことを知っていて恐がるのかもしれません。

私の師匠はその点、十三歳より修験道の修行が先にあって、数々の不思議を目の当《ま》たりにしてきており、そういう意味では聖天さまを恐がるということはなく接していましたので、過日、お寺の本尊の聖天さまが、霊媒能力のあった弟子（本書第五章でお話した私の姉弟子）の口を借りて「この住職はぜんぜん俺を恐がらぬので面白くないな」といわれたそうです。

また、師匠はある時、小さな聖天さまのお像をどなたかから預かったそうです。そのお像には天座がなかったので用いずに浴油したところ、「油の量が多いぞ。おぼれそうだ！」と、同じように姉弟子の口を借りて語られたそうです。

そういう面白さがあるのも聖天さまならではです。

華《け》水《すい》供《く》

浴油供というのは、密教でいう聖天さまの普通の「如法《にょほう》供養《くよう》法《ほう》」（略して「如法供」）という作法に、浴油作法を足したものです。

護摩《ごま》もそういう仕組みです。つまり浴油であれ護摩であれ、何のご祈祷であっても、この如法供という作法のスタイルがベースにあるのです。

したがって単に「聖天供」というとこの如法供の作法になるのですが、聖天信仰ではこの如法供を、「華水供」ともよんでいます（なぜ華水供とよぶのかについては後述）。

さて、密教で如法供というのは、多くが「十八道立《じゅうはちどうだて》」というのが主になっていて、十八種類の印を結んで本尊を供養する法を修するところからいいますが、実はもっとたくさんの印が結ばれます。

内容的には秘密のものですから具体的にはいえませんが、インドの接客方法から来たかたちで、道場を飾り、車を出して本尊をお迎えし、種々のご供養をして、真言念誦をしてからまた、お接《せっ》待《たい》をしてお送りするというスタイルです。

ちょうど真言念誦が本尊とのお話で、前後にお食事などを出して接待する感じです。

この接待の部分は、「六度《ろくど》供養」とよばれます。六度供養はとても大切なものなので、詳述しておきましょう。

六度供養の内容は次の六つで、それぞれ大乗《だいじょう》仏教の菩薩《ぼさつ》の修行である「六波羅蜜《ろくはらみつ》」に相当します。

閼伽《あか》――布施《ふせ》波羅蜜に相当
塗香《ずこう》――持戒《じかい》波羅蜜に相当
華鬘《けまん》――忍辱《にんにく》波羅蜜に相当

焼香《しょうこう》――精進《しょうじん》波羅蜜に相当
飲食《おんじき》――禅定《ぜんじょう》波羅蜜に相当
灯明《とうみょう》――智慧《ちえ》波羅蜜に相当

閼伽というのはお水のことです。これは布施に当たります。すなわち生き物すべてを潤《うるお》す水を施《ほどこ》すということに当てます。

塗香は戒律です。塗香というのは、身に塗るお香です。戒律を身に染みるよう塗香にたとえます。聖天さま信仰では、在家の方でもこれを必ず礼拝《らいはい》時に使います。

お勤めの前に右手でつまみ、左の掌《てのひら》にのせて、右手人差し指で額・胸・唇につけます。これは身《しん》・口《く》・意《い》の三業《さんごう》を各々清める意味です。胸は意業《いごう》、唇は口業《くごう》、額は身業《しんごう》を表します。

塗香は大きい仏具屋さんやお茶道具屋さんで売っています。

華鬘は忍辱です。花は植物が成長し風雪に耐えてこそ咲くので、修行に耐える心を表します。お花は、白い花は息災、赤い花は敬愛、黄色い花は増益、そして青い花は調伏を表すといいます。

焼香は精進といって、持続的努力の心です。なにごとも持続なくしてはありえません。行法では普通、息災を表す沈香《じんこう》が多く、次いで白檀やそれらが入った五種香、十種香が焚かれます。聖天さまには、特に香りのよい上質のお香を焚きます。

お香が少しずつですが着実に燃えていく様子を、精進に当てはめます。家庭では線香をたくことに当たります。

飲食は禅定ですね。禅定はその三昧《さんまい》の境地を味わう意味から、飲食に当てます。

天部の供養ではご飯に加えて、汁《じゅう》・餅《べい》・果《か》というものが供養されます。汁は小豆《あずき》の炊いたもの。餅はいわゆるお菓子。果は果物で木菓子《きがし》（菓子は果物のこと）、水《みず》菓子の類です。が、現代では、餅はそのまま「おもち」をあげ、果にはいわゆるお菓子をあげていることも多いようです。

ご飯も古式にのっとれば「大仏供《だいぶっく》」といって白いご飯、「小仏供《しょう》」といってお赤飯のようなものもあげますが、今はおおむね略されています。

ほかには聖天さまの場合、「歓喜団《かんぎだん》」といって巾着《きんちゃく》型の揚げ菓子をあげます。またお酒、大根もあげます。これをグルッと聖天さまの周りに、円形に配列します。

灯明は智慧です。これは般若《はんにゃ》といって仏教の修行から出る智慧であり、世間的な「知恵」とは異なります。

智慧は無明《むみょう》を照らす明かりであるため、灯明に当てられます。昔は菜種油を入れた器に灯芯《とうしん》をさしましたが、今はロウソクが一般的です。それでも加行《けぎょう》（密教の基礎的な行）などの時には、灯芯を使うところもあるようです。

これらの供養をすることが、そのまま、大乗仏教の菩薩がおこなうべき六波羅蜜の修行に通じます。

この六種類の供養がそのまま六波羅蜜に相当するという教えは、本来は秘伝なのですが、あえてここに明かすのは、皆さんにお供物の真の意味を知っていただきたいからです。

決して、聖天さまに好物をあげて、ただ歓心《かんしん》を買うという考えではないのです。

そんな考えは、極端な話、動物を手なずけるような発想になってしまいます。

そのような供物は、たとえどんなに高価で上等でも、自在神力の聖天さまから見れば、物自体はどうでもいいようなものです。あえて供《そな》えるのは、あくまで心をかたちにしているというその一点と考えるべきなのです。

聖天さまのような具体的なお働きの神さまには、私たちもあくまで心を「かたち」にして接しなくてなりません。

神であられる聖天さまから見れば大したことないものとしても、お供えするという心は、やはり無上に尊いものです。

このことはきわめて大事ですので、忘れないでください。

ですからご家庭でこれらの供物をあげる場合にも、このことを頭の隅《すみ》に置かれるといいと思います。

密教は「象徴の宗教」といわれ、このようにあらゆるものを代用して表現します。

さて、如法供がなぜ華水供とよばれるかというと、もともと華水供とは、如法供のうちのお花（華）とお水だけを供える作法だったのです。華水器という器にお水を入れ、シキミの葉（お花を表す）を浮かべてお供えする方法です。

ではなぜお花とお水だけをお供えするかというと、天部の神さまは、仏教の戒律によって午後は食事をしないので、お花とお水のみを差し上げるというところから来ています。

しかし、多くの聖天さまのお寺では、伝統的に、浴油供から浴油の部分を除いた作法＝如法供を、そのまま華水供とよんでいます。その場合の華水供は、お花とお水ばかりでなく、飲み物や食べ物もすべて供えます。

もともとは一年のあいだ、浴油供の前行として毎日三座、合わせて千座の修法で、午後のみを華水供にしたようです。

本来の華水供も、ただお花とお水をあげるだけではなく、すべて厳格な密教作法をおこないます。

なお、浴油が『大聖歓喜天使呪法経《だいしょうかんぎてんしじゅほうきょう》』にある上品《じょうぼん》の供養といわれるのに対し、華水供は中《ちゅう》品《ぼん》の供養といわれます。下品《げぼん》の供養とは、厳密な密教の作法ではなく、我々の一般的なお勤めやお参りの作法によるものをいいます。

大般若転読《だいはんにゃてんどく》と百味供養《ひゃくみくよう》

このほか、多くの僧侶や行者を必要とする大掛かりなご祈祷に、大般若転読と百味の供養があります。

大般若転読というのは、釈迦三尊《しゃかさんぞん》（お釈迦さま・文殊《もんじゅ》菩薩・普賢《ふげん》菩薩）と『大般若経』の守護神である十六善神《じゅうろくぜんじん》などが描かれた「十六善神曼荼《まんだ》羅《ら》」をかけて、玄奘三蔵《げんじょうさんぞう》訳『大般若経』六百巻を読む法儀《ほうぎ》ですが、六百巻もの経典を普通に読めば大変な日数がかかりますので、主要な偈文《げもん》を唱えながら、パラパラとお経を扇《おうぎ》のように広げながらめくるわけです。法楽《ほうらく》（読経などをして神仏を楽しませること）として読むというより、天尊にお見せして読んでもらう意味なのかもしれません。

これを俗に「転読」といいます。

また、百味供養とは、百種類の食品を供えて如法供をおこなう作法です。

肉、魚などは当然供えませんから、果物・野菜・乾物《かんぶつ》・菓子などで揃《そろ》えます。今は一年中あらゆる野菜と果物が手に入りますが、昔はそうはいきません。季節のものを幾通りにも調理したりして百味にしたようです。

また、今でも果物などが豊富に獲《と》れる秋におこなわれることが多いようです。

大般若転読と百味供養は、大掛かりですので、普通のご祈祷としてはしないで、大きな心願が叶った時にのみにおこなう「お礼《れい》祈祷」としてすることが多いようです。

東京・浅草《あさくさ》の待乳《まっち》山《やま》聖天（聖観音宗本龍院《しょうかんのんしゅうほんりゅういん》）などにお参りすると、頻繁に、大般若転読と百味供養によるお礼祈祷がおこなわれておりますから、やはりそれだけ聖天さまの霊験は確かなのでしょう。

理《り》趣《しゅ》分《ぶん》祈《き》祷《とう》

前述の『大般若経』六百巻の中には、「白眉《はくび》」（もっとも優れている）とされる部分があります。

それが、『大般若理趣分』（以下、理趣分と略します）といわれるお経です。

真言宗には『理趣経《りしゅきょう》』があり、主要なお経としてよく上げられますが、理趣分は『理趣経』とは似て非なるものです。

『理趣経』は密教経典ですが、理趣分は本来は『大般若経』の五百七十八巻目にあたり、顕教、つまり密教ではない一般的な大乗経典なのです。

歴史的には『理趣経』はこの理趣分から発展したものといわれ、つながりはあるのですが、経典の内容などはまったく違うものです。

この点は専門家でも間違えている人がありますので、注意が必要です。実は私も小僧時代、初めの頃は同じお経なのだと思っていました。

そういうわけで理趣分は密教経典ではないのですが、独自の真言が出てきますし、密教的な作法もあります。これは『陀羅尼集経《だらにじっきょう》』という密教の儀軌に、その作法が説かれているのです。ですから作法的には、密教的なものと、顕教のままのものとがあります。

さて、理趣分祈祷は、前述の大般若経転読と同じく、道場に「十六善神曼荼羅」をかけて拝みます。十六善神それぞれのお名前と陀羅尼が最初に出てきますので、これをしっかりと拝みます。

俗説に十六善神とは、四天王《してんのう》に、薬師如来《やくしにょらい》の眷属《けんぞく》である十二神将《じゅうにしんしょう》を足したもの、などといいますが、『大般若経』に出てくる十六善神は独特のものです。

それとは別に、『般若守護十六善神王体《おうたい》』（金剛智三蔵《こんごうちさんぞう》訳）という密教の儀軌もありますが、それに説かれる十六善神ともまた異なります。

「十六善神曼荼羅」は、図像的には、お釈迦さま・文殊菩薩・普賢菩薩の三尊を中心に、法《ほう》涌《ゆう》・常啼《じょうきゅう》の二菩薩、深沙大将《じんじゃだいしょう》、玄奘三蔵、倶毘羅女《くびらにょ》、そして十六善神によって構成されます。曼荼羅の中で、天女のように描かれているのは常啼菩薩で、本来は女性ではなく男性に描かれるべき菩薩です。般若の教えを求めて泣いてさまよったというところから常啼菩薩といいます。対する僧形《そうぎょう》の方は法涌菩薩で、妙香国《みょうこうこく》において大衆に般若の教えを説いていたという菩薩で、常啼菩薩は神僧《しんそう》のお告げで妙香国へ行き、彼に会い、ついに般若を教えられたといいます。

倶毘羅女は、『大般若経』を唐にもたらした玄奘三蔵の前にいますが、「倶毘羅」（クベーラ）つまり毘沙門天《びしゃもんてん》の妃ですから吉祥天《きちじょうてん》ですが、どうも玄奘三蔵の従者の童子《どうじ》のように描かれることが多いようです。従者という解釈のほうが、絵を見た限りでは正しいのかも知れません。

玄奘三蔵（六〇二〜六六二）は、『西遊記《さいゆうき》』でおなじみの取経《しゅきょう》の高僧、三蔵法師《さんぞうほうし》ですが、実在の人です。彼がインドまで行って『大般若経』を唐《とう》（中国）にもたらしたといいます。

彼の、中国からインドまでの旅行の様子は、その旅行記『大唐西域記《だいとうさいいきき》』にまとめられています。

『西遊記』では、彼は皇帝の命《めい》で出発しますが、実際は許可が出ず、密出国《みつしゅっこく》だったようです。

そして玄奘三蔵と対《つい》でいるのが深沙大将で、タクラマカン砂漠で行き倒れになりそうだった玄奘三蔵を助けた砂漠の龍神《りゅうじん》です。

この深沙大将が、『西遊記』で孫悟空《そんごくう》や猪八戒《ちょはっかい》らとともに三蔵法師を助ける沙悟浄《さごじょう》のモデルであるといいます。

しかし『大唐西域記』には深沙大将の話はなく、ただ、観音さまを念じてオアシスにたどり着き、助かったという記述のみです。このことから深沙大将は観音さまの化身といわれ、とりわけ十一面観音と本誓《ほんぜい》を同じくします。

おそらく信仰の歴史からいえば、深沙大将は、西域（中央アジア）から入ってきた神であり、いつしか三蔵法師の逸話と結びつけられるようになったのでしょう。

深沙大将は、身体は赤く裸形《らぎょう》で、蛇を手に持ち、こういっては失礼かもしれませんがお顔も他の神とは少し違い、耳は動物のように尖《とが》っていて、口は三ツ口で、怪獣のような形相《ぎょうそう》です。

さらに不思議なことには、この深沙大将のお腹には、子供の顔があります。これはこの神が、子供のように穢《けが》れのない純粋な心であることを表しているそうです。

お姿は奇怪ですが、毘沙門天王の変化身《へんげしん》ともいわれ、深い悟りの智慧へと修行者を導く天尊とされています。

一般に天部には、財福《ざいふく》や徐病《じょびょう》など世間的利益はあるものの、多くは直《じか》に悟りをもたらすという出世間《しゅっせけん》の利益はあまり強調されません。しかしこの深沙大将は、積極的に悟りの智慧をもたらす、修行者向けの天尊といえます。

なお、深沙大将は首に六個の髑髏《どくろ》を首飾りにかけていますが、これは過去世で六回ともインドへ取経を目指して行き倒れになった玄奘三蔵の亡骸《なきがら》の髑髏だといいます。

なぜなら、深沙大将は仏法を深く愛するあまりに、『大般若経』がインドから出るのを惜しんで、その都度ここで過去世の彼を殺していたのです。つまり玄奘三蔵は生まれ変わり死に変わりしても、必ず『大般若経』をインドから中国へ将来したいという、強い宿世《しゅくせ》の願いがあったのです。

しかし七回目に至り、深沙大将はついに根負けして玄奘三蔵に敬服し、取経の旅を守護したというお話です。

大黒天《だいこくてん》や毘沙門天のような福徳の神というよりは、本来的な仏法を護る神ですが、私はこの深沙大将が大好きで、よく拝みます。

東京・調布《ちょうふ》にある深大寺《じんだいじ》は、この神の縁起《えんぎ》を伝える天台宗の名刹《めいさつ》（深大寺という寺名も深沙大将に由来します）で、おそろしげなお姿の深沙大将も、この深大寺の縁起譚《たん》では、男女二人の恋の架《か》け橋をする粋《いき》な神さまとして登場しています。

さて、理趣分は、大変厳しいお経であるとされています。読み終わってから、さらに「降伏一《ごうぶくいっ》切《さい》大魔《だいま》最勝《さいしょう》成就《じょうじゅ》」という経文の一節を、何度も声を励まして読み上げ、そして経本を転読します。

顕教のお経ですが、大変霊験があり、同時にこれは一般在家の人がみだりにさわるものではないとされています。

私の師匠は、普段はもっぱらこの理趣分でご祈祷をしていました。そして弟子である私もそれを受け継ぎ、理趣分でよくご祈祷しています。

理趣分は、天部の神さまをご供養するのに、最高に良いといいます。

本書第三章でお話した、耳の聞こえないのが治ったお子さんの祈願の折も、師匠は聖天さまにこの理趣分でご祈祷したのだそうです。

また、今は亡き山田恵諦《やまだえたい》天台座主は、日頃からご自分も理趣分をよく読み、また比叡山《ひえいざん》に来る小僧《こぞう》たちにも修行の方便として「このお経を読みなさい。霊験があるよ。おこづかいにも困らなくなるよ」といって勧められたという話を聞いています。お座主さまは、「おこづかいに困らなくなる」という小さな霊験でも、よく人の心に信仰の火を灯《とも》すことをよくご存じだったのだと思います。

また、理趣分は「早めの祈祷」としても知られ、死にきれないで苦しむ病人を安楽に送る（業苦《ごうく》を取り除いてお迎えを早める）祈祷ともいわれていますが、経験上、私も多くの実例を知っています。

私は人が病気などで亡くなる時には、実はもう数日前に魂が抜けてしまい、清算すべき業だけが残ってしまい、数日にわたって苦しむだけ苦しんで生きているようなことがあるのだと思います。本来はもう亡くなるところを、業だけが残っているのだといいます。

その業苦を取り除くのが、理趣分の大きな功徳です。

実際、理趣分で拝むと、最後に意識が正常になって皆にお礼をいってから亡くなる人もいますし、楽になって眠るように亡くなった人もいるといいます。

中医学的には「亡陽《ぼうよう》」といって、最後に人間の陽気が人体から抜けていく時、一時的に元気になることが起きるといいますが、理趣分にはそういうことを起こさしめる功徳があるのでしょう。

水歓喜天供《すいかんぎてんく》

これは現代ではあまり修されないようですが、やはり如法供をもととして十一面観音の金属像を水を張った多羅に入れて沐浴《もくよく》させ、その水で次には聖天さまの尊像を沐浴させるものです。

ただし、その場合の聖天さまのお像は、双身《そうじん》像ではなく単身《たんじん》像で沐浴をします。

『阿沙縛抄《あさばしょう》』などでは、水歓喜天供では六臂《ろっぴ》（腕が六本）の単身像を使うべしとあります。もちろん金属像です。

フランスのエミール・ギメ美術館には、二臂《にひ》（腕が二本）の単身の金属像が所蔵されていますが、これもおそらく水歓喜天供に使われた尊像であると思います。

福徳の祈願というより、これは災いを除く方法であり、加持した水を身につけたりすれば災いを鎮《しず》めることができるといいます。

また、怒れる聖天さまの心を鎮めるために修するともいいます。

しかし、現在ではあまり修されないのは、聖天さまの単身像がほとんどないからでしょう。

私自身も、単身の聖天さまについては、絵図ならばたくさん見ていますが、金属製の立体像は、日本に来たギメ美術館所蔵の像のほかは、まだ直接見たことがありません。

したがって、もし水歓喜天供を修するならば、新たに単身像を鋳造《ちゅうぞう》しないとならないでしょう。

聖天さまにお手紙を書く

時々、聖天さまの在家信徒の方から、「自分でできるご祈祷法はありますか?」と質問されることがあります。

しかし、そのようなものがあったら、わざわざ寺に祈祷を頼む人はいないでしょうし、行者も修行を積んで聖天供の伝授を受ける必要もないわけで、少なくとも伝統の中にはそのようなものはまったくありません。

ただ、「お勤め用のお経本にのっとって、読経や真言念誦をすればいいのですよ」といっても、こういう人の中には何か「秘法」のようなものがあって、それをすれば祈願がすぐに叶うのだという、おかしな思い込みが背景にあります。

お経や真言を唱えることも、それ自体、祈願といえば立派な祈願なのです。

ところが、期待が妄想と化しているので、何か特別な秘法があると思いたいのです。そのような思いは持つべきではありません。

特に聖天さまのご祈祷は、聖天さまの尊像を持ってはいるが浴油をおこなう自信がないというお寺が、聖天さまのご祈祷の専門のお寺にその尊像を預けて浴油を頼む、ということがおこなわれるくらい、心得《こころえ》のない人が安易にやってはいけないものなのです。くれぐれも真似事《まねごと》のようなことはしないことです。

法を授かりもせず、密教のイロハさえ知らないままに、勝手に浴油の真似事をして大きな災いを招いたお坊さんの話を聞いたことがあります。

また、霊能者だからといって聖天さまのお像を寺から持ち出して勝手に祈願のようなことをしたという人もいるそうです。

どちらも人から聞いた話ですが、その後、突然に亡くなったそうです。

厳密には、亡くなったのはそのせいかどうかは誰もわかりませんが、聖天さまを知る我々からみれば、こういう話を聞くと、やはり、してはならないことはしてはならないのだと思うほかありません。

こういう話をすると、「神さまがそんなことで二つとない人の命を取るのか?」と思う方もあるでしょう。

密教には「越三昧耶《おつさまや》の罪」といって、正規に阿闍梨から伝授されないで密教の行法を勝手におこなうと、「堕地獄《だじごく》」という大変な罪になるという教えが大前提にあります。

そして事実、しばしば良くないことがあります。

これは理想論や現代的なヒューマニズムを振りかざすというようなこと、もしくは、あなたや私がどう思うかなどという理屈の上の問題とは、隔絶《かくぜつ》された世界の話なのです。

いってみれば、理屈は措《お》いて、そういう古《いにしえ》からの集合無意識の世界に参入する以上は、そのルールもまた大事にするべきなのです。

これは神仏の領域の掟《おきて》であって、人間の領域のことではないのです。したがって、人間が手前《てまえ》味噌《みそ》の考えを振りかざせる世界ではないのです。

それをするのは一種の傲慢《ごうまん》です。信仰とは傲慢の対極にあるものです。

そうして、してはならないという行法を勝手にして、なお利益があると思うのは、一面だけを信じ、もう一面をみようとしない希望的偏見に基づく妄想でしかありません。

――でも、「祈願をより叶えやすくするために、どうしても、自分でできることをしたい」という方もいます。

私はそういう方には、聖天さまへのお願いの「手紙」を書くことをお勧めしています。

これは秘法でも何でもありませんが、目的はイメージが明確化することで、より自分にも、そして相手（聖天さま）にも伝わりやすくなります。

別に誰に見せる必要もないのです。自宅の聖天さまの御宝前《ごほうぜん》に、封をしてあげておけばよろしい。でも、時々、開けて読み返しましょう。そして修正や訂正があれば書き換えます。いくら書き換えてもいいのです。

これを繰り返していくのです。

人間は自分の思っていること、希望していることが、必ずしも明確に認識できているわけでないのです。そのことは、まず手紙を書こうとすればよくわかります。書いて初めて自分が何を願っていたのかもわかります。

本当はこんなこと願っていなかったとか、矛盾していることを考えていると気がつくこともあるでしょう。

まず、自分が正しく自分の願いを知らないのに、聖天さまに希望がシッカリ届くわけがありません。

また、願いごとが叶ったら、何が手に入るのかも考えましょう。

たとえば、大金がほしいとします。では、あなたのほしい大金とは、どのくらいの金額ですか？

また、何のために必要なのですか？　どういう経路でほしいのでしょう？

恋人がほしい。大いにけっこうです。聖天さまは和合《わごう》の神さまですからね。

では、どんな恋人とどうなりたいの？　海外旅行に行きたいのですか？

あるいは、結婚したいのでしょうか？　どうしたら恋人がいるんだと思えますか？　そこから得たい喜びは何でしょうか？

ぜひ、そういうことも考えて書いてください。

書いているうちに、「こんなことはばかばかしい祈願だ」と思えば削除してもいいし、また思い返して加えようと自由です。

でも、そうすることによって、自分が本当は一体何を願っているのかが明確化してきます。

願いがなかなか叶わないという人は、ぜひチャレンジしてみてください。

聖天さまもきっとあなたのお手紙を待っていますよ。

――さあ、ここまで読めば、あとはもう聖天さまのお寺に行くだけです。

聖天さまのお寺

ここで、一般の方が参詣《さんけい》できる、全国の代表的な聖天信仰のお寺をご紹介します。

▼妻沼聖天山《めぬましょうでんざん》　歓喜院《かんぎいん》（埼玉県熊谷市）
▼野田《のだ》聖天　東正寺《とうしょうじ》（千葉県野田市）
▼待乳山《まつちやま》聖天　本龍院《ほんりゅういん》（東京都台東区浅草）
▼袋町《ふくろまち》お聖天　福生院《ふくしょういん》（名古屋市中区）
▼西陣《にしじん》聖天　雨宝院《うほういん》（京都市上京区）
▼東山薬師《ひがしやまやくし》　雙林寺《そうりんじ》（本尊は薬師如来だが聖天供をしている。京都市東山区）

▼福島聖天《ふくしましょうてん》　了徳院《りょうとくいん》（大阪市福島区）
▼天下茶屋聖天《てんがちゃや》　正圓寺《しょうえんじ》（大阪市阿倍野区）
▼日本橋聖天《にほんばし》　法案寺《ほうあんじ》（大阪市中央区）
▼生駒聖天《いこま》　寳山寺《ほうざんじ》（奈良県生駒市）
▼清荒神《きよしこうじん》　清澄寺《せいちょうじ》（荒神さまの本地として聖天供が修されている。兵庫県宝塚市）
▼八栗《やくり》の聖天さん　八栗寺《やくりじ》（香川県高松市）

といったお寺がよく知られています。

このほかにも聖天信仰のお寺は、全国に相当数あります。

しかしながら、聖天さまを奉安しているお寺の中には、一般の方の参詣を許可していないお寺もかなりあります。一般の参詣が許可されているか、事前にお尋ねのうえで参詣してください。

第八章

聖《しょう》天《でん》さまをめぐる神仏

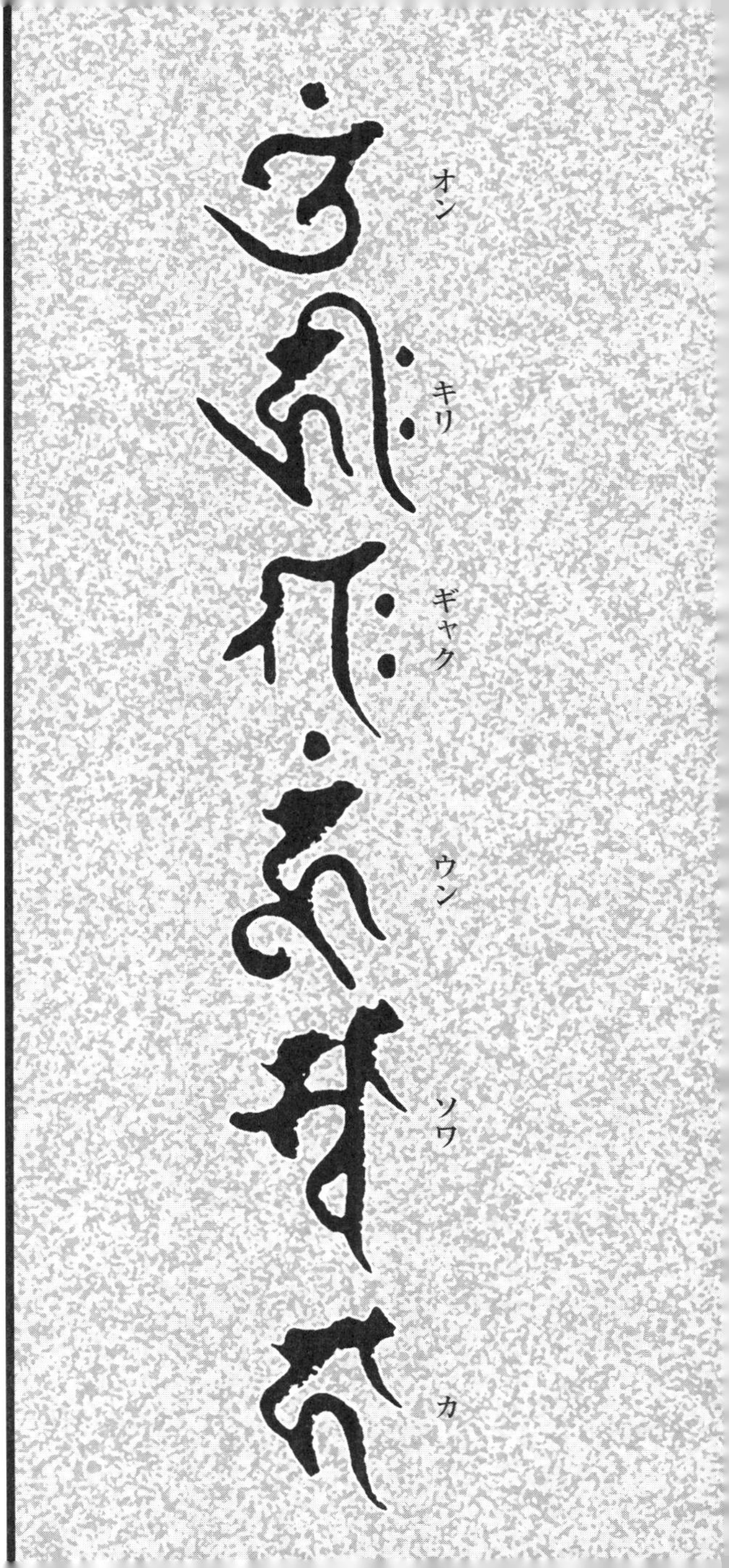

十一面観音《じゅういちめんかんのん》

聖天さまともっとも縁《えん》が深い仏の筆頭《ひっとう》は、なんといっても十一面観音です。

そのわけは、すでに何度も本書でお話しました。

十一面観音はその名のとおり、多くの顔を持つ観音さまで、さまざまな天部《てんぶ》や神祇《じんぎ》（神道《しんとう》の神々）の本地仏《ほんじぶつ》とされます。山岳信仰ともかかわりが深く、修験道《しゅげんどう》の霊場《れいじょう》でもしばしば目にします。変化《へんげ》観音の中で、神々の本地として祀《まつ》られることがもっとも多い観音さまだと思います。

真言宗《しんごんしゅう》で重んじられた「御流神道《ごりゅうしんとう》」（密教と融合した神道）でも、十一面観音は愛染明王《あいぜんみょうおう》と並んで「諸神《しょじん》の総《そう》本地」とされています。

聖天尊の法は、主に十一面観音の化身である女天《にょてん》を通じて、男天《なんてん》を動かす法と考えられていて、「この法は女天の法」ともいわれます。

私の師匠は、聖天信仰は境涯《きょうがい》が進めば観音信仰、そして阿弥陀《あみだ》信仰にもつながる、またそうあるべきといっていました。

これは別に、聖天信仰を中途でやめて観音信仰や阿弥陀信仰をせよというのではなく、聖天信仰そのままに、そこに観音信仰や阿弥陀信仰が盛り込まれるという意味です。

古来、聖天信仰ですべての祈願《きがん》を果たした暁《あかつき》には、庭に十一面観音を祀り供養するのだというようなこともいわれました。

十一面観音（四臂）

つまり、いつまでも願いを叶えてほしいという欲だけの信仰であってはならず、また、来世の極楽往生《ごくらくおうじょう》にもつながる後生《ごしょう》の良いおこないを心がける信仰になっていかなければいけないという意味だと思います。

ただし、十一面観音も、祈祷《きとう》の世界ではなかなか難しい観音とされていて、相当拝《おが》まないとこの観音さまのご祈祷は思うようにはできないといいます。

実は十一面観音も、歴史的にみれば、シヴァ神の化身である暴風雨の神ルドラが発展した姿という説があります。

ルドラ起源説では、荒々しい神とされるルドラには十一の異名があり、それがすなわち十一の面に表されたのだと考えるのです。

この説には異論もあるようですが、私は妥当なように感じています。

なぜなら十一面観音にはきわめて恐い一面があるからです。それを形にしたのが、十一面のうち真後ろにある「暴悪大笑面《ぼうあくだいしょうめん》」です。

舌と歯をむき出しにして笑う菩薩面《ぼさつめん》は、単なる忿怒尊《ふんぬそん》などより、ずっと悪魔的でさえあります。

また、十一面のうち、慈悲の表情であるのは、本面《ほんめん》と前の三面のみです。

他はすべて激しく怒れる顔、そして牙をむいた恐ろしい顔です。

実は私は師匠から、聖天信仰で不届きなことをする者（たとえば聖天信仰を悪用する者）がいたら、きついお咎《とが》めをするのは、聖天さま以上にむしろ十一面観音なのだ、と教えられました。

十一面観音は、ビナヤキャ王としての男天の魔性を押しとどめるために、あえてビナヤキャ婦女身を現じて、ご夫婦になっているのです。

多かれ少なかれ「神」といわれるものには、慈悲の側面と魔ともいうべき恐ろしい暴悪の側面の二つがあることは、本書第一章でいいました。

いわば魔性封じとしての十一面観音の存在なのです。

そこへもってきてビナヤキャ王の魔性をわざと解き放ち、聖天信仰を悪用しようという者がいたら、十一面観音やその眷属《けんぞく》（従者、家来）が放っておくわけがありません。

仏さまは罰など当てないといいますが、もちろん仏ともあろうものが腹立ちまぎれに何かするようなことはあるわけないですが、不善なることには時にきついお灸《きゅう》を据《す》えてくれます。『観音経』にも「悲体《ひたい》の戒《いまし》めは雷震《らいしん》のごとし」と明記されています。大悲《だいひ》の方便《ほうべん》としての罰は、観音さまといえどもあります。

仏さまの罰などないという聞こえのよい戯言《ざれごと》は、こと祈願の世界では通用しません。

大自在天《だいじざいてん》

大自在天についても、この神が聖天さまの父神でありインドのシヴァ神であることは、本書の第一章や第二章ですでに説明しました。

大自在天は、聖天さまと同じく元々はヒンドゥー教の神ですが、仏教においては護法神《ごほうしん》（仏法を護る神）とされています。

梵名《ぼんみょう》（インドのサンスクリット語での原名）は「マヘーシュヴァラ」といい、それを音写《おんしゃ》して「摩《ま》

大自在天（摩醯首羅天）

醯首羅天《けいしゅらてん》」ともよばれます。

色界《しきかい》の頂点に立つ三界《さんがい》の主《ぬし》であるとされ、方位を守護する「十二天」の中の「伊舎那天《いしゃなてん》」と同体であるともいわれます。

大自在天はインドのシヴァ神と同じく、額に第三の目があり、牛にまたがるお姿で表されますが、尊像《そんぞう》が単独で祀られているのはほとんど見ません。ただし、千手観音《せんじゅかんのん》の眷属である「二《に》十八部衆《じゅうはちぶしゅ》」の一尊としては見ることはあります。

なお、聖天さまをそのまま大自在天と見る向きもあることは本書第二章で述べましたが、一方で同様に「他化自在天《たけじざいてん》」つまり「第六天魔王《だいろくてんまおう》」とする見方もあります。

ちなみに、日本中《じゅう》に「大六天社《だいろくてんしゃ》」とよばれる神社がありますが、あれはもともとは仏教の他

化自在天を祀る神社だったのです。現在ではアメノカシコネノミコトやオモタルノミコトなどの神道の神さまが祀られていますが、それは明治時代に神仏分離令があったからです。

天台寺門宗《てんだいじもんしゅう》の総本山である園城寺《おんじょうじ》（三井寺《みいでら》）に伝わる三井流《みいりゅう》の聖天供《く》では、大自在天の代わりに他化自在天の真言を使います。

これは天台寺門宗の祖である智証大師円珍《ちしょうだいしえんちん》（八一四～八九一）の解釈だったようです。

これに対して、後年に生駒《いこま》の湛海律師《たんかいりっし》（一六二九～一七一六）が聖天さまよりお告げを受けた時、「その解釈は間違いである」と聖天さま自らが語ったといいます。

私は天台寺門宗の僧侶であり智証大師門流《もんりゅう》の末席にある者ですので、複雑な思いですが、歴史的にも他化自在天と聖天さまは関係はなく、このお告げの言い分は正しいものと思います。

湛海律師は「生駒聖天」として知られる寶山寺《ほうざんじ》の開山《かいざん》の真言僧ですが、親友に浄厳阿闍梨《じょうごんあじゃり》（一六三九～一七〇二）という真言僧がいて、この方がビナヤキャの類である聖天など拝《おが》んではダメだとさかんにいうので悩んだ時期もあったそうです。

この浄厳阿闍梨への反論もあります。幕末の天台僧・願海《がんかい》阿闍梨（一八二三～一八七三）は聖天供と尊勝仏頂法《そんしょうぶっちょうほう》をもって明治天皇のご誕生を無事ならしめた方ですが、『歓喜天叢書《かんぎてんそうしょ》』というものを編纂《へんさん》しました。その中に真源《しんげん》という僧が著《あらわ》した『大聖天歓喜双身毘那耶迦微決《だいしょうでんかんぎそうじんびなやきゃみけつ》』という本が収められています。

それを読みますと、「聖天をビナヤキャの類だから拝むのはいけないというなら、大黒天《だいこくてん》や鬼《き》子母神《しもじん》も同類ではないのか。これらを拝みながら、なぜ聖天だけをビナヤキャだから拝むべきでないといえるのか」と反論がなされています。

さて、「自在天《じざいてん》」に話を戻しますが、江戸期の天台僧・覚千《かくせん》（一七五六〜一八〇六）が著した、『自在金剛集《じざいこんごうしゅう》』という天台密教の百科事典的な書物があります。

その第六章では「自在天というものに四種あり」として、
①色界の頂上である色究竟天《しきくきょうてん》の大自在天（摩醯首羅天）
②色界のはじめである梵天界《ぼんてんかい》の大梵天王《だいぼんてんのう》（覚千は大梵天王も自在天の一種と考えた）
③欲界《よくかい》第六天の他化自在天と同体である伊舎那天《いしゃなてん》（他化自在天と伊舎那天が同体というのは覚千の考え）
④ビナヤキャ天の王である大聖歓喜自在天《だいしょうかんぎじざいてん》（聖天さま）
というように、四種の自在天を立てています。

そしてそれぞれの「能調伏尊《のうちょうぶくそん》」（その神を調伏することができる仏）として、大自在天には不動《ふどう》明王《みょうおう》、大梵天王には馬頭明王《ばとうみょうおう》（馬頭観音に同じ）、伊舎那天には降三世明王《ごうざんぜみょうおう》、ビナヤキャ天には軍荼利《ぐんだり》明王《みょうおう》を配当しています。ただし、大自在天とその妃を調伏し踏みつける仏は、古来、降三世明王とされており、その点この説明にはいささか無理があるように思います。

さて、聖天さまは、「鶏羅山《けいらせん》」というお山に住んでいることになっています。

天台密教の大成者といわれる平安時代の僧・五大院安然和尚《ごだいいんあんねんかしょう》（八四一～？）にも『鶏羅山泥縛《けいらせんでいば》私記《しき》』という著書があり、この方も聖天さまに並々ならぬ関心があったのだと思います。

鶏羅山とは、ヒマラヤ山脈の西にある六六五六メートルの「カイラス山」のことです。また泥縛とは、梵語の「デーヴァ」すなわち天部の神のことで、「鶏羅山泥縛」とは、つまり聖天さまのことをいっているのです。

カイラス山＝鶏羅山は、大自在天であるシヴァ神の聖地であるともされ、今もヒンドゥー教徒によって盛んに巡礼されています。

聖天さまのお住まいが、父神である大自在天の聖地とされる山であるということに、聖天さまと大自在天の結びつきを感じます。

なお、チベット仏教でもカイラス山は須弥山《しゅみせん》になぞらえられる聖なる山とされ、篤《あつ》く崇敬され、盛んに巡礼されています。ちなみに古い仏教の宇宙観では、鶏羅山は須弥山そのものではなく、須弥山をとりまく七層の山脈のうち第六の山脈にある山が鶏羅山と考えられていました。

さて、大自在天にはいくつも化身があり、その一つが「大黒天《だいこくてん》」（梵名マハーカーラ）であるといわれます。大自在天の忿怒のお姿が大黒天であるともいわれますが、大黒天とはいっても、世間で「大黒さま」とよばれているニコニコ顔の神さまではありません。

日本で広く知られている、あのニコニコ顔の大黒さまのお姿は、実はクベーラ神の誤伝ではなかったかといわれています。クベーラは大黒さまのような袋を持つ、大きなお腹をした財宝神《ざいほうしん》であり、どちらかというと大黒天でなく毘沙門天《びしゃもんてん》ときわめて近い尊格といわれます。

これは余談ですが、クベーラを日本の金毘羅《こんぴら》さまと同じであると誤解している人がいますが、金毘羅さまは「クンビーラ」というインドの王舎城《おうしゃじょう》を守護するワニの神であり、クベーラとはまったく関係のない別な神さまです。

また、仏教学者の岩本裕《いわもとゆたか》博士（一九一〇～一九八八）は、唐代《とうだい》の僧・義浄《ぎじょう》（六三五～七一三）が著したインド・東南アジア旅行記『南海帰寄内法伝《なんかいききないほうでん》』で、大黒天として記されているのはマハーカーラでなくパンチカ夜叉《やしゃ》であろうともいっています。

義浄は二十五年間に三十数か国を遊歴《ゆうれき》したといい、女帝・則天武后《そくてんぶこう》に重く用いられ、『金光明最勝王経《こんこうみょうさいしょうおうきょう》』を訳出した僧としても知られます。

義浄の『南海帰寄内法伝』は、大黒天信仰の上では、原点的な重要な古典籍です。

マハーカーラは疫病神である七母女天《しちもにょてん》を束ねる三面六臂《さんめんろっぴ》の神で、身体の色はあくまで黒く、五体に蛇を巻き、髪はそびえたて、背にはゾウの生皮をまとい、刀を横に持ち、羚羊《れいよう》の角と人の髻《もとどり》をつかむという、恐ろしい神です。時に明王のような大火炎に包まれてもいます。

大黒天（摩訶迦羅天）

密教の修法《しゅほう》においては、不動明王の化身ともされます。密教の世界では、大黒天というより「摩訶迦羅天《まかきゃらてん》」（梵名マハーカーラの音写）という名で、ニコニコ顔のいわゆる大黒さまとは区別されてよばれており、胎蔵曼荼羅《たいぞうまんだら》の最外院《さいげいん》にその姿が見られます。

そして本来の大黒天とは「大暗黒夜叉《だいあんこくやしゃ》」の別名で知られる、きわめて恐るべき姿の神なのです。

なお、チベット仏教では、大黒天は倒れたガネーシャを両足で踏みつけて立ち征服する姿で知られています。これについて、日本在住のチベット仏教の高僧であるニチャン・リンポチェに、なぜなのかお尋ねしたところ、ヒンドゥー教の神に対する仏教の優位性を示したものだろうということでした。

三宝荒神《さんぼうこうじん》

三宝荒神は、身体は赤く三面六臂《さんめんろっぴ》、あるいは八面八臂《はちめんはっぴ》の忿怒相《ふんぬそう》で、修験道《しゅげんどう》の開祖・役行者《えんのぎょうじゃ》が感得《かんとく》した神さまだといわれています。

「かまど神」として知られ、家の中できわめて清浄《しょうじょう》に祀るべきとされます。昔はかまどは大切な場所でしたから、そのかまどを司《つかさど》る三宝荒神は、井戸を司る水神《すいじん》とともに、どこの家でも祀られていました。

この三宝荒神は、聖天さまの本地、または化身とされているのですが、実はここにも大自在天が介在しているのです。

『荒神祭文《こうじんさいもん》』には、「(三宝荒神とは)すなわち天にあっては八大の摩醯首羅云々《まけいしゅらうんぬん》」とあり、三宝荒神はすなわち摩醯首羅天＝大自在天であると、その正体を明かしています。

兵庫県宝塚市にある「清荒神《きよしこうじん》　清澄寺《せいちょうじ》」は、日本屈指の三宝荒神の霊場として知られる真言宗寺院ですが、荒神には四季のうち拝んではならない日がそれぞれ三日あり、そのため「荒神供《く》」（三宝荒神の供養法）ではなく聖天浴油供《よくゆく》をもって毎日のご祈祷に当てていると聞きました。

三宝荒神は非常に祟りやすい神といわれますが、三界の主・大自在天であると考えると、いかに恐ろしい存在かがよくわかります。

なぜなら大自在天＝シヴァ神には、暴風雨の神ルドラという別名がありますが、このルドラという語は、そのまま「荒神」という意味だからです。

しかし同時に三宝荒神は、我々の「元本《がんぽん》の無明《むみょう》」（おもとの無明）である根本煩悩《こんぽんぼんのう》の神格化とされています。

根本煩悩まで神として昇《しょう》華《か》しようとする日本人の素晴らしい智慧が、ここにみられます。

三宝荒神（山形・正善院蔵）

如来荒神（奈良・松尾寺蔵）

三宝荒神の本地は、前述したように聖天さまともいわれますが、また、聖天さまと同様に十一面観音だとも、愛染明王だとも、お釈迦さま、不動明王、文殊菩薩《もんじゅぼさつ》なのだとも、いろいろに申します。

また、園城寺《おんじょうじ》では、十二臂大日《じゅうにひだいにち》といわれる「大勝金剛《だいしょうこんごう》」を本地とします。

さて、三宝荒神は忿怒のお姿をしていますが、そのほかに、六臂《ろっぴ》の金剛薩埵《こんごうさった》の姿で宝瓶《ほうびょう》に乗る「如来荒神《にょらいこうじん》」、震旦《しんたん》（中国）の帝王の姿という「子島荒神《こしまこうじん》」があります。

如来荒神の六臂は各々《おのおの》、羯磨《かつま》・宝塔《ほうとう》・宝珠《ほうじゅ》・蓮華《れんげ》・金剛鈴《こんごうれい》・金剛杵《こんごうしょ》を持ち、それらは順に羯磨部・仏部・宝部・蓮華部・金剛部と、金剛界曼荼羅《こんごうかいまんだら》を構成する「五部」を表すとします。名前の上では荒神といいますが、非常に柔和《にゅうわ》な慈悲深い表情です。

子島荒神は、宝冠をつけ唐風《とうふう》の王服を着た四臂《しひ》の坐像で、持ち物は法輪《ほうりん》・宝珠・金剛鈴・金剛杵です。

子島荒神は、真言密教子島流《こしまりゅう》の祖・真興《しんごう》（九三五〜一〇〇四年）による感得《かんとく》像です。真興は比叡山《ひえいざん》の元三大師《がんざんだいし》良源《りょうげん》と論議で渡り合ったという興福寺《こうふくじ》の仲算《ちゅうざん》から法相《ほっそう》教学を学び、そののちに密教を学んだ人でした。

彼には聖天さまにまつわる面白い話があります。彼も聖天行者ですが、ある時、これはと思って熱心に聖天さまにご祈祷したが、その結果が思わしくなく、そのことにえらく腹を立てた真興は、なんと聖天像を子島寺《こしまじ》の庭にある池の中州に放り投げたそうです。

さすがに真興さんは傑僧《けっそう》だけに、かなり思い切った恐いことをしますね。

さて、夜になると真興さんの前に聖天さまがあらわれ、恨み言をいうと思いきや豈《あ》に計《はか》らんや、祈祷の不首尾《ふしゅび》を詫《わ》びるとともに、「三日成就法《みっかじょうじゅほう》」という秘法を授けたといいます。

この時、出現した聖天さまのお姿は、男天は普通の象頭人身像ですが、女天が龍女《りゅうにょ》の姿であらわれたといいます。この姿を後世、「子島聖天」の像といいます。

真興さんはのちに子島流という流派を開くのですが、一説には、この聖天さまの秘法を伝えたいがため一流派を開いたのだそうです。

軍《ぐん》荼《だ》利《り》明王《みょうおう》

通常は五大明王《ごだいみょうおう》の一尊として知られる軍荼利明王は、常随魔《じょうずいま》ビナヤキャたちのもっとも恐れる存在です。

四臂《しひ》または八臂《はっぴ》で体の手足には皆、赤い蛇を巻き、忿怒形《ふんぬぎょう》で、手にはさまざまな武器を持っています。

五大明王はそれぞれ、降伏《ごうぶく》（調伏《ちょうぶく》）する「魔」が決まっており、降三世明王《ごうざんぜみょうおう》は「天魔《てんま》」を降伏。軍荼利明王は「常随魔」であるビナヤキャを降伏。大威徳明王《だいいとくみょうおう》は悪人である「人魔《にんま》」を降伏。金剛夜叉明王《こんごうやしゃみょうおう》は「煩悩魔《ぼんのうま》」を降伏。そして不動明王《ふどうみょうおう》は「一切《いっさい》の諸魔《しょま》」を降伏するといわれます。

さて、右記のごとく軍荼利明王は、常随魔ビナヤキャを降伏する存在なのですが、現在は仏法を護る善神となりビナヤキャたちを制圧している聖天さまも、軍荼利明王を恐れるといいます。

それはなぜでしょうか?

ある説では、軍荼利明王は観音さまの夫であり、聖天さまはその目をぬすんで観音と会おうとするので軍荼利明王を恐れるのだともいいますが、これは取るに足らぬ俗説でしょう。

軍荼利明王は、「結界《けっかい》」の明王としては諸明王中随一《ずいいつ》の力を持ち、その結界にあっては、我が国の密教で鎮護国家《ちんごこっか》の法として重んじられた「一字金輪仏頂尊《いちじきんりんぶっちょうそん》」の修法（金輪法《きんりんほう》）の威力をも及ばないといわれます。

金輪法は「五百由旬断壊《ごひゃくゆじゅんだんね》の法」といわれ、この法は威力がありすぎるために、修すれば、周囲五百由旬（由旬はヨージャナというインドの距離の単位で、一由旬は約七キロと『倶舎論《くしゃろん》』に説かれている）でおこなわれた他の修法は、ことごとく力を奪われ無効化するという、ものすごいものです。

しかし、軍荼利明王の結界は、その金輪法でさえも防ぐ力があるのです。

このように一字金輪仏頂尊の力をも制する軍荼利明王に対しては、

軍荼利明王

執拗《しつよう》で手に負《お》えない常随魔であるビナヤキャであっても、手も足も出ないのでしょうね。

そして、ビナヤキャたちの王である聖天さまにとっては、軍荼利明王は、恐い上司《じょうし》のような存在なのでしょう。

古来、祈願の成就《じょうじゅ》が遅い時には、聖天さまを叱責《しっせき》する意味で、「軍荼利明王に祈れ」といいます。もっともこれは、あくまで行者が修法をおこなう際の話です。在家《ざいけ》の一般信者の方が聖天さまにお祈りする時には、このようなことは考えなくてけっこうです。

さて、軍荼利明王は、金剛界曼荼羅の中の南方《なんぽう》に位置する「宝部《ほうぶ》」とよばれる世界を司《つかさど》る「宝生如来《ほうしょうにょらい》」の化身です。

真言宗では、聖天厨子《ずし》のうしろに一華瓶《けびょう》を立てますが、これは軍荼利明王を表します。軍荼利明王（梵名クンダリー）のお名前に入っている「クンダ」という語は、壺《つぼ》や瓶《びょう》（びん）を表す「クンディー」（音写して「軍持《ぐんじ》」）に通じる言葉だといいます。

すなわち、この明王の三昧耶形《さまやぎょう》、つまり仏としての働きを象徴する事物《じぶつ》は、「宝瓶《ほうびょう》」です。

なお、天台方《てんだいかた》（天台密教）では、一華瓶を置くことは、寡聞《かぶん》にして聞きません。

さて、軍荼利明王は五大明王というグループの一尊ですが、独尊《どくそん》として祀られたり修法の中で重んじられたりすることもあります。

山梨県にある「軍刀利《ぐんだり》神社」は、現在はヤマトタケルノミコトが御祭神《ごさいじん》ですが、もとは軍荼利明王を祀った霊場であることは明らかで、太平洋戦争中は無事なる復員を求める祈願でひそかに人気を集めたと聞きます。いくらお国のためでも、生きて帰りたいのが当然の人情です。

また密教の修行では、いちばん初歩の初歩に「護身法《ごしんぼう》」という作法を習いますが、ここでも軍荼利明王の印《いん》と真言《しんごん》が出てきます。

けだし護身法は、初歩にしてもっとも奥義《おくぎ》の作法といえるものです。

そのほかにも密教の修法には、この明王の印と真言は、随所《ずいしょ》で多用されています。

軍荼利明王は、聖天行者でなくても、密教修行者ならば誰でもいちばんお世話になる明王です。

伎芸天《ぎげいてん》

伎芸天は大自在天の頂上（頭頂《とうちょう》）から生まれた女神で、「大自在頂生天女《だいじざいちょうしょうてんにょ》」ともいいます。

聖天さまの姉とも妹ともいいます。

インドの宗教に詳しい私の弟子が、「インド神話ではシヴァ神の頭頂から生まれたのはガンジス川の女神＝ガンガーですから、あるいは伎芸天はガンガーかもしれませんね」と、教えてくれ

伎芸天

ました。

　伎芸天は最上《さいじょう》の美しさを誇る女神で、そのお名前のとおり一切の技術に巧《たく》みになるというご利益《りやく》があるといわれます。

　和辻哲郎《わつじてつろう》博士（一八八九〜一九六〇）が絶賛した京都・秋篠寺《あきしのでら》の伎芸天立《りゅう》像《ぞう》（重要文化財）は、有名な美神像ですが、そのお姿は密教の儀軌《ぎき》に書かれている伎芸天のお姿とはまったく異なっており、それゆえ識者のあいだでは、実際は聖観音《しょうかんのん》像か水天《すいてん》像ではないかといろいろ憶測をよんでいますが、はっきりとしたことはわかりません。

　この天女の本来のお姿は、左手に一天華《てんげ》を掲《かか》げ、右で裳裾《もすそ》をひねるというものですが、左手に持つのが一天華でなく花を盛った華盆《けぼん》になっている図像もあります。

　あまりお祀りされているところはありませんが、この天女を拝めば以後、もろもろの災いはその身につかないと儀軌にいわれています。

ちなみにこの前、奈良の信貴山《しぎさん》朝護孫子寺《ちょうごそんしじ》の本堂内陣《ないじん》のうしろに、伎芸天が、毘沙門天二十八使者とともに厨子に納められ並んで奉安《ほうあん》されているのを知りました（秘仏です）。

なお、伎芸天は、聖天供でご利益が遅い時に祈ることがあります。ただし、天台方には伎芸天の供養法は相伝《そうでん》がありません。

私は聖天行者として、この伎芸天に深い関心があり、小さな白檀像《びゃくだんぞう》をつくって、特別に真言宗の法友《ほうゆう》に頼んでこの天の供養法を伝授してもらいました。聖天さまのご祈祷では、その白檀像を必ず壇《だん》の上に置いて、合わせて供養しています。

なお、倶摩羅天《くまらてん》というクジャクに乗る六面の神も聖天さまの兄弟であり、弟神にあたります。

これは実は顕教でいう「韋駄天《いだてん》」と同じ神さまです。

韋駄天は中国では韋駄護法《いだごほう》とよばれ護法神の代表格とされ、日本でも寺院の生活を守護するとされ、特に寺院の台所を護る神として、禅宗《ぜんしゅう》寺院などではよく祀られていますが、密教の倶摩羅天が独尊として祀られている例は、どこであれほとんど見たことはありません。

『観音経』にいう三十三変化身《さんじゅうさんへんげしん》のうちの天大将軍《てんだいしょうぐん》とは、この倶摩羅天のことです。

四部大将《しぶだいしょう》

四部大将は、聖天さまの配下の大眷属《だいけんぞく》です。

普通、修法のお次第《しだい》の中では拝まれませんが、その名前は登場します。砕壊《さいえ》部の「無憂《むう》大将」、一牙《いちげ》部の「厳髻《ごんけい》大将」、龍象《りゅうぞう》部の「頂行《ちょうぎょう》大将」、野干《やかん》部の「象頭《ぞうず》大将」で、それぞれが東・南・西・北の守護に当たります。

これらは金剛界曼荼羅に描かれる外金剛部二十天《げこんごうぶにじゅってん》のうちの四尊にいずれも対応しており、無憂大将は「金剛摧砕天《こんごうざいさいてん》」、頂行大将は「金剛衣服天《こんごうえぶくてん》」、厳髻大将は「金剛飲食天《こんごうおんじきてん》」、象頭大将は「金剛調伏天《こんごうちょうぶくてん》」とされます。ただしこれは一例であり、その対応には異説もあります。

二十天のうちの四尊に当てはめれば、その姿は、金剛摧砕天は傘《かさ》を持ち、金剛衣服天は弓矢、金剛飲食天は華鬘《けまん》、金剛調伏天は三鈷剣《さんこけん》を持ちます。

このほかに二十天のうちには、大根と歓喜団《かんぎだん》を持つ「毘那夜迦天《びなやきゃてん》」があり、これが歓喜天《かんぎてん》＝聖天さまに当たるとされるほか、同じ二十天のうちにいる猪頭の「金剛面天《こんごうめんてん》」もこの部類であり、これを聖天さまの双身《そうじん》の女天《にょてん》に当てはめる説もあります。

猪頭の神としてよく知られるのは、この金剛面天と、閻魔《えんま》八眷属《はちけんぞく》の一人である「遮文茶天《しゃもんだてん》」がありますが、実際は双身天における猪頭の女天が何に当たるのかは、明確にはわかりません。

金剛面天はインドの三大神の一神であるヴィシュヌの化身「ヴァラーハ」という猪頭の神に相当するとされ、世界が水没した時、大力で世界を引き揚げたというインド神話があります。

一方の遮文茶天（梵名チャームンダー）は、インドでは猪面のほかにも、半ば骸骨《がいこつ》と化した恐ろしい女神としても表現され、チャンダとムンダという二人の阿修羅《あしゅら》を倒したためこの名があるとされます。

この女神はシヴァの配偶者であるカーリーの化身ともいわれます。現代のインドではチャームンダーといえば猪面像より、骸骨のような姿のほうが一般的です。

遮文茶天は、日本では天台法門《てんだいほうもん》の常行三昧《じょうぎょうざんまい》を護る神である「摩多羅神《またらじん》」の本地とされます。

さて、一説に四部大将は、人間の一生に付《つ》き添《そ》う神とされ、一種の「倶生神《くしょうじん》」とみなされています。

普通は人間につきまとう常随魔《じょうずいま》ビナヤキャなのですが、一転して人間の一生を、影が形に添うがごとく守護する善神と考えたのでしょう。

たとえば傘を持つ金剛摧砕天は、実は人間の胎内における「エナ」（胞《えな》、胎盤のこと）の守り神であり、傘がそのまま我々を覆《おお》うエナを表しています。

ちなみにエナは、荒神《こうじん》さま（三宝荒神）そのものであるという信仰もあり、昔はこれを埋める方位をやかましくいいました。

そのほか、衣服天や飲食天の名にある衣服や飲食は生きていくうえで当然必要ですし、調伏天の名に見られるように時には敵対者を退けて前に進まねばなりません。

聖天さまを信仰する人は、これら四部大将はじめ鶏羅山《けいらせん》に住む九千八百の諸大鬼王《しょだいきおう》が、昼夜に守護をするといわれています。

祈願のうえでは「息災《そくさい》」が金剛摧砕天、「調伏《ちょうぶく》」が金剛調伏天、「増益《ぞうやく》」が金剛飲食天、「敬《けい》愛《あい》」が金剛衣服天。そして金剛面天は、金剛鉤《こんごうこう》を持つゆえに「鉤召《こうちょう》祈祷」の利益《りやく》に相応すると思われます。

天満宮《てんまんぐう》

天満宮というのは日本の神さまで、一般的には「天神《てんじん》さま」と親しみを込めてよばれています。

天満宮は歴史上の人物で、学問の神さまとなった菅原道真公《すがわらのみちざねこう》（八四五〜九〇三）のことですが、この方は大変に聖天さまを信仰した人でもあったといいます。

そこで、聖天さまと道真公を同体《どうたい》とする信仰があるのです。

道真公は文章博士《もんじょうはかせ》といわれる最高位の学者でしたが、その栄達《えいたつ》をねたむ者たちの讒訴《ざんそ》により、罪なくして大宰府《だざいふ》に流され、失意のうちに一生を終えました。

ところが彼の死後、都では変事《へんじ》が頻々《ひんぴん》と起こり、ついには宮中《きゅうちゅう》に雷が落ちて火災となり、死者まで出ました。

朝廷《ちょうてい》では、無実の罪で配流《はいる》された道真の怨霊《おんりょう》であろうと考え、その鎮魂《ちんこん》のために建てられたのが「北野《きたの》天満宮」（京都市）だといいます。また、道真公の墓所に建てられたのが「太宰府《だざいふ》天満宮」（福岡県太宰府市）です。

ですから、最初は強烈な祟神《たたりがみ》だったのです。

やがて、文章博士であったために学問の神さま、そして当人が聖天信者であったことにより聖天さまと同体とされたのでしょう。

なお、天満宮の本地は、聖天さまと同じく十一面観音です。

このように、神社で祀られている神さまに本地の仏さまを見いだし、神と仏の両方を平等に信仰していく態度を、「神仏習合《しんぶつしゅうごう》」というのです。

さて、天満宮は「天神さま」という通称で親しまれ、東京の亀戸《かめいど》天神、湯島《ゆしま》の天神、大阪のお初天神《はつてんじん》など、各地に祀られています。

私の師匠は愛媛県温泉郡《おんせんぐん》天神町という町の出身ですが、その町には名前のとおり、天神さまがあります。

師匠が僧侶の道に入ったのは、行者で霊媒だった叔母上《おばうえ》にその天神さまが降りてきて、「お前の守護神になってやるからお坊さんになりなさい」とお告げしたためであるといいます。

師匠は長いあいだ、霊峰《れいほう》・石鎚山《いしづちさん》で修験道の修行をし、不動明王を信仰していました。そのため、不動明王こそ自分の拝むべき本尊と心に決めていたのですが、後年、聖天さまのお寺である大福生寺《だいふくしょうじ》（東京都大井町《おおいまち》）から再三オファーがあり、不思議に思っていろいろと調べたところ、自分の守護神である天神さまと聖天さまは同じ神さまとされていることを知り、そこにご縁を感じて赴任《ふにん》したそうです。

後年、ある霊能者が師匠を訪ねてきて、「先生は不思議な人ですね。お坊さんなのに、神主《かんぬし》のような格好《かっこう》をした人が守護神で、傍《かたわら》にいますよ」といったそうです。

そのせいか師匠は、私たち弟子にも天神信仰を勧め、「何か困ったら天神さまにいいなさい」といわれました。

これは私の考えですが、我々は仏教徒とはいえ、我が日本は古来「神国《しんこく》」、つまり日本の神道《しんとう》の神々の守護の厚い国です。

常々、私はご祈祷する折にも、日本の神々の力添《ちからぞ》えを感じます。

仏さまに祈っていても、直接動いているのは神祇《じんぎ》（神道の神々）である場合も多いように思うのです。

結論からいえば、我が国では本当は仏教徒であろうが、神道の神々は決して軽視できない存在なのです。

ですから、真言宗《しんごんしゅう》の祖・弘法大師空海《こうぼうだいしくうかい》も、高野山《こうやさん》に四所明神《ししょみょうじん》を祀り、また東寺《とうじ》の守護神として伏見稲荷《ふしみいなり》を祀り、さらに高雄《たかお》の神護寺《じんごじ》には清瀧権現《せいりゅうごんげん》という龍神を祀りました。

天台宗《てんだいしゅう》の祖・伝教大師最澄《でんぎょうだいしさいちょう》は、比叡山《ひえいざん》の守護神としてわざわざ三輪山《みわやま》からオオモノヌシノカミを勧請《かんじょう》して山王大宮《さんのうおおみや》とし、従来の比叡山の神を小比叡明神《こびえいみょうじん》としました。

天台密教の大成者・慈覚大師円仁《じかくだいしえんにん》は、赤山明神《せきざんみょうじん》を祀り、また三十番神《さんじゅうばんじん》を定めたといいます。

天台寺門《じもん》宗の祖・智証大師円珍《ちしょうだいしえんちん》は、新羅明神《しんらみょうじん》や三尾明神《みつのおみょうじん》を大事にしました。

また、曹洞宗《そうとうしゅう》では白山権現《はくさんごんげん》、日蓮宗《にちれんしゅう》では七面大明神《しちめんだいみょうじん》というように、多くの宗派で神祇が勧請されています。

ここに日本仏教のすぐれた融和性と、神祇に対する必要性があるのだと、私は感じます。

私自身の場合も、飯縄明神《いづなみょうじん》や九頭龍権現《くずりゅうごんげん》、諏訪《すわ》や熊野《くまの》の神々が、身近で頼もしい存在です。

これら神祇と仏教の天部（インドの神々）との違いは、神祇は「土地」というフィールドに深くかかわって力を発揮する特徴があり、あえて申せばそこがそういう土壌にあまり縛られない天部との違いでしょう。

しかしながら、定められたフィールドでは、神祇はきわめて強烈な力を発揮します。だからこそ神祇は「鎮守《ちんじゅ》」と呼ばれます。

フィールドを鎮め護る存在です。

その意味で、祈祷したお札などは頼めば郵送してくれるお宮《みや》さんは多いでしょうが、お宮参りは、基本的にはそこへ行かなければいけないと思います。

第九章 聖《しょう》天《でん》信仰について質疑応答

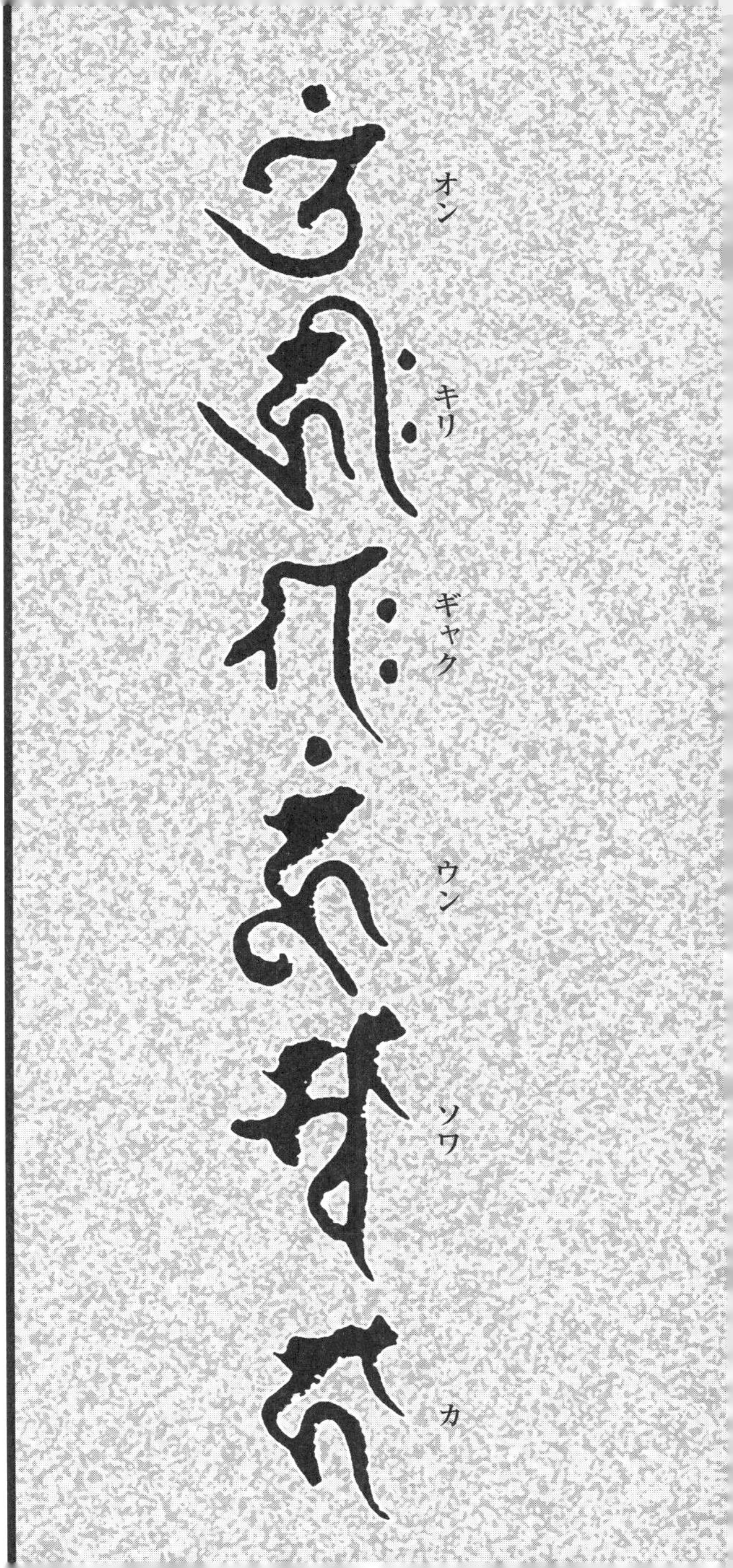

私は、拙寺《せつじ》（金翅鳥院《こんじちょういん》）で聖天信仰の指導をさせていただいておりますが、信徒の皆さんより、聖天信仰についてのさまざまなご質問をいただきます。

そこでこの第九章では、聖天信仰における「よくある質問」を集め、私なりの答えを述べてみました。

ここで述べさせていただくことは、聖天さまのみならず、弁財天《べんざいてん》や毘沙門天《びしゃもん》、大黒天《だいこく》、ダキニ天といった、他の天尊《てんそん》を信仰するうえでも共通する問題が多々あると思います。

ご参考になれば幸いです。

ビナヤキャ信仰について

聖天さまは、聞くところによると七代《しちだい》の福分《ふくぶん》を一代《いちだい》に取るため、一代のみは大いに栄《さか》えるが子孫に福分は続かず、家が滅びると聞きましたが、そういうことはありうるのでしょうか？

それは、ビナヤキャ信仰（取引信仰《とりひき》。本書第五章参照）をされた場合には、そういうこともあります。

ビナヤキャ信仰は損得勘定《そんとくかんじょう》の信仰ですから、大きく得れば、その分のちにどこかで差し引くのです。

正真《しょうしん》の聖天さまには、断じてそういうことはありません。

お寺のえらび方について

聖天さまをお祀《まつ》りしているお寺は、とても多いのですね。どんなところで聖天信仰をしたらよいのでしょう？

はじめのうちは、聖天さまの霊場《れいじょう》（お寺）を、実際にいくつかめぐって参詣《さんけい》してみましょう。それでピンときたといいますか、自分に合いそうなところを、感覚でみつけてください。

ただし、聖天さまが祀られていても、ご祈祷《きとう》まではしていないというお寺もあります。

また、聖天さまは扱いがむつかしいので、一般の参詣者には拝《おが》ませていないというお寺もあります。

あなたに心願《しんがん》があり、聖天信仰を本格的におこないたいと思っているならば、やはり浴油供《よくゆく》のようなご祈祷をしているお寺から選択するのが、もっとも望ましいでしょう。

あちこちの聖天さまをお参りしてよいか

ほうぼうの聖天さま（のお寺）をお参りしてまわってはいけませんか？

聖天信仰をしていれば、聖天さまのいらっしゃるお寺と聞けば手を合わせたくなるのが信者としての普通の心ですので、もちろんお参りしていいでしょう。

ただし、ご自身の心願を託《たく》す「祈願寺」（浴油供などのご祈祷をしてもらうお寺）は、一ヶ所に決めるべきです。

そしてその祈願寺が、ご自身の聖天信仰の「柱」なのだと、強く思うべきです。

祈願寺以外のお寺へのお参りは、祈願ではなく「ご挨拶《あいさつ》」だと思ってください。「お参りさせていただきます」という心ひとつでお参りしてください。

ただし、祈願寺以外のお寺で「ご法楽《ほうらく》」（神仏を楽しませるための読経《どきょう》や真言念誦《しんごんねんじゅ》）をおこなった際に、そのご法楽の中で心願を述べることは構わないと思います。

一生信仰しないと罰《ばち》が当たるか

聖天信仰は一生しないといけないと聞きますが、やめると罰が当たるのでしょうか？

これは奇異なことを聞くものです。罰が当たらなくても、そして聖天信仰でなくても、信仰というものはおしなべて基本的に一生を貫くものです。違いますか？

もっとも、軽くお参りして手を合わせるなどというたぐいは、どこの神社仏閣でも、皆、誰でもおしなべてしていますから、この限りではありません。

しかし、自宅に祭壇《さいだん》をつくり、お札《ふだ》をお祀りし、お勤《つと》めなどもする、そういう本格的な聖天信仰については、一生を貫くつもりではじめるべきだと私は思います。

ただご利益《りやく》が欲しいだけで、祈願さえ叶えばあとは信仰など用はない……というようなお考えなら、聖天さまへの信仰は勧められません。

そして、そういう軽々しいものは、真の信仰ではありません。

ただし、重い病気や老齢になり、もうお寺にお参りもできなければ、自宅でもお勤めができなくなったというような場合は、今までのお札のご祈祷を頼んで、しっかりとお札をお返しすれば、それでいいと思います。

自分が行くのが一番いいのですが、えてしてそういう時は自分もいけない状態です。信頼できる人に代参《だいさん》をお願いしてもいいでしょうし、お寺に相談してもいいでしょう。

祈祷料について

ご祈祷料の基準はありますか？

ご祈祷料は、お寺によってまちまちです。別に標準料金というものはないでしょう。具体的にどう祈っているかは祈祷僧以外はわかりませんので、同じご祈祷でもよその寺院と比較して高いとか安いということは、いうことはできません。

ご祈祷としては、やはり浴油供が最上のものですが、当然ながらご祈祷料は自分の経済に見合ったものでなくてはいけません。

いかに心願があっても大事なのは気持ちですから、ご祈祷は家財を売ったり借金してまでするようなものではないでしょう。

特に心願がある場合は、自分なりのベストな供養《くよう》が尽くされていることが大事です。また、祈祷を頼む・頼まないも信仰自体とは関係ありません。

祈祷の頻度《ひんど》について

ご祈祷は毎月依頼するものですか？

聖天さまには熱烈な信者の方が多く、祈願をしているお寺では心願成就《じょうじゅ》を継続的にお守りいただくために、「月参《つきまい》り」というあり方をしているお寺も多いようです。

ただし、もちろん一回だけの祈祷でも受けてくださるところが普通だと思います。また、決してご祈祷を毎月頼まなければ聖天信仰が成り立たないということもありません。

毎日、お寺でもらってきたお札を熱心に拝むだけでも、立派な聖天信仰です。ただ、講中《こうちゅう》や信徒会に入ったりしますと依頼していなくても年に一、二回、定期的にお札などが出ることがありますが、そうしたものは必ずお受けしてお祀りすべきものです。

大根を食べるのをやめるべきか

「断《た》ち物《もの》はよくない」とうかがいましたが、信仰の先輩から聖天信仰をするなら大根を断つよういわれました。やはり必要ですか？

必要ありません。

どうして大根を食べないことで聖天さまが喜ぶのですか？

ただし、信仰を強めるための行《ぎょう》として何かしらひとつ好物を禁忌《きんき》にして食べないということは、あってもいいとは思います。専門の祈祷僧にはそういう人も多いものです。

しかしそれはあくまで修行の一環であり、それを一般信徒がご利益を頂《いただ》くうえでの交換条件のように思うのは大きな間違いです。

そういう約束をするとビナヤキャ信仰（取引信仰）になります。

神仏の優劣について

聖天さまのお札を自宅にお祀りしていますが、このあいだ菩提寺《ぼだいじ》のお護摩《ごま》供養があり、参拝しましたらお不動《ふどう》さま（不動明王）のお札を頂きました。そこで聖天さまのお札の横にお祀りしていましたが、仏さまに詳しい知人に聞いたら、お不動さまは聖天さまより偉い仏さまだから、中央の聖天さまを横にずらしてお不動さまを真ん中にしないとご無礼になるといわれましたが、そうすべきでしょうか？

密教にはたくさんの仏さま神さまがあり、一応、如来《にょらい》・菩薩《ぼさつ》・明王《みょうおう》・天部《てんぶ》などに分かれており、如来が悟りの世界の頂点であり、天部は煩悩《ぼんのう》が多くて我々に近い存在といわれます。

しかし密教では、それを神仏の位の高低や優劣とは考えません。天部も「等流法身《とうるほっしん》」といって、本質は大日《だいにち》如来と少しも変わらないのです。「等流」とは流れを等《ひと》しくするという意味で、如来という大河の、支流ではあっても同じ水が流れており、少しも変わりはないのです。

したがって、密教のお寺には聖天さまなどの天尊がご本尊のお寺もあれば、お不動さまのような明王や観音《かんのん》さま、お地蔵《じぞう》さまのような菩薩がご本尊のお寺もあります。信仰の上では優劣などありません。個性の違いです。

あなたの信仰の中心が聖天さまなら、お札の位置を動かす必要は何もありません。

どうぞ今までどおり、そのまま聖天さまを堂々と真ん中にして拝んでください。

問

先輩の信者さんについて

お寺に行くと、私を初心者と思ってか、何かといろいろ教えてくれる信者さんがいて、そのお気持ちは有り難いのですが、とかく押しつけ的で、しかもどうもいっていることに納得ができません。どうすべきでしょう?

信仰の先輩ではあっても仏教の指導者ではないので、たとえその人のいうとおりにして結果が思わしくなくても、相手は何の責任もとってくれないでしょう。そのような関係なのですから、必ずしも従う必要はありません。

わからぬことは、仏教の専門家であるそのお寺のご住職や僧侶に聞くべきです。

信仰の道場とはいえ、親切というよりも威張《いば》りたいだけとか先輩風をふかしたいだけだったり、自分の信仰のあり方を他の人にも強要する、我の強い信者さんもいますから。中には「運勢をみてあげる」「私は霊感があるので特別にみてあげます」などといって、あれこれ頼みもしないのに余計なことをいってくる人もいますが、正しい占術家や霊能者なら、頼まれもしないのにそういうことはしません。その態度自体が素人のそれです。

素人の意見というのは無責任に発せられていますから、必ずしも従う必要はないのです。そういう人には挨拶程度のつきあいをして、基本的にあまり深く関わらないほうが賢明でしょう。ただ長く信仰しているからといっても、その人に信仰に対する真の理解があるのかどうかは別なことです。

お供物《くもつ》のおさがりについて

聖天さまのお供物のおさがりを、「食べてはいけない」という人と「食べなくてはいけない」という人とがいますが、どちらが正しいのでしょう？

儀軌《ぎき》には、「お酒などは、あげたらそのあと飲め」と書かれてはいます。

食べ物を大事にするうえでも、食べたほうが望ましいは望ましいですが、さりとて聖天さまのお供物は甘いものが多いので、必ずしもそのつどは食べないほうが健康上は望ましく思います。少しだけ頂くか、もう聖天さまが召し上がりおわったと考えて、廃棄してもいいでしょう。お菓子などは、親しい人に差し上げるという方法もあります。

古来の聖天信仰についての書には、あげたお供物を捨てる作法も紹介されていますから、少なくとも食べないで廃棄しても宗教上の問題はありません。

歓喜団《かんぎだん》について

「歓喜団」という聖天さまのお菓子を、聖天さまのお寺でもらいました。これはどうしたらいいですか？

聖天さまにあげたあとで、普通に食べていいでしょう。「食べると福を取られる」などという人もいるようですが、それは聖天さまを知らぬ者の迷信です。気にする必要はまったくありません。

健康上甘いものがいけない方や甘いもの自体が苦手という方もいますが、そのような場合は無理して食べず、拝んでしばらくおあげしてから処分してしまってもいいでしょう。

心願がなかなか叶わない時は

問　聖天さまを長らく信仰していますが、なかなか心願が叶いません。どうしたらいいでしょう？

よく、どのぐらいで心願が叶うかと聞く人がいますが、心願がどの時点で叶うかは人によりけり、ものによりけりで、決まっているものではありません。また、その心願の大きさや難しさにもよります。たとえば、一銭もないのにマイホームを買うなどという心願が、一朝にして叶うことはまず無理でしょう。

聖天さまは『大聖歓《だいしょうかん》喜《ぎ》天《てん》使《し》呪法経《じゅほうきょう》』にもあるように、「順世《じゅんせい》の法」といって、この世の法則を無視して働かれるわけではありません。ですから心願の祈りも、順序だてて祈らねばなりません。マイホームなら、まずはそのための「頭金《あたまきん》」をつくるという具体的な現実の努力も大事です。

そういう準備が段階的にできてこそ、大きな心願は叶うのです。

ですから、ただマイホーム実現というだけではなく、そういう大きな祈りに加えて具体的なステップとしての個々の祈りもしていくほうがよいでしょう。

本書の第七章で紹介した、聖天さまにお手紙を書く方法を試してみるのもよいと思います。

二つのお寺の聖天さま

今まで、ある聖天さまのお寺を信仰してきましたが、最近よそのお寺の聖天さまが気になっています。二つのお寺の聖天さまを信仰するのはいけないでしょうか？

必ずしもいけないとまではいえませんが、基本的に信仰は、真剣であればあるほど、そういくつも同じ神さまを信仰できるものではないでしょう。

ことに聖天さまは、ひたむきということを喜ばれます。

今の聖天さまはご利益が薄いから……という理由なら、それは薄いということ自体が、聖天さまからのあなたへの答えなのかもしれませんよ。

あなたのその願いは、正しい願いですか？　ここは思案しなくてはいけません。なかなか願いが叶わないという理由で、同じ願いをほうぼうの聖天さまにかけるのは、感心しません。

もし他のお寺の聖天さまも信仰し祈願するというなら、もとのお寺の聖天さまと同じ祈願ではなく、別な祈願をかけたほうがいいと思います。

そしてその場合、自分の信仰の「柱」となる聖天さまはどちらか、決めておかないといけないでしょう。

聖天信仰と方位《ほうい》

方位術を勉強しています。方位のいい月にはお砂取《すなと》り、お水取《みずと》りなどをしてきました。近くに聖天さまのご祈祷をしてくれるお寺がないので、遠方のお寺の聖天さまに月参りをしていますが、お寺の方位が良くない月もあって気がかりです。悪い方位でも行かないといけないのでしょうか？

方位術と信仰は別次元な話です。あなたが信仰しているのは方位ですか？　聖天さまですか？　信仰まで方位優先で考えては、真の信仰にはなりません。あなたは方位がよくない月には会社や学校に行かないでしょうか？

方位術も大変けっこうですが、信仰より優先されるものではないでしょう。

ただし、方位術の観点からいうなら、定期的な月参りのような場合は、最初の月参りは行きはじめさえ吉《きち》方位に選定すれば、あとは問題はないと思います。

あえて方位術の上からいえば、こういうものは毎月の方位より、はじめに縁《えん》に触れる方位のほうが、より大事なのです。

お礼《れい》参《まい》りについて

聖天さまのお参りで祈願が叶ったのですが、お礼参りをしていません。気にはなっていますが、やはりしないといけませんか？

その「しないといけない」という心が大事なのです。でも、義務的に嫌々してはいけません。

それではお礼の意味がありません。

必ず感謝の気持ちをもって、お礼参りしてください。

古来、心願が叶ったらお礼参りをするというのが、聖天信仰の約束事となっています。

具体的には、どこのお寺でも、たいてい事情を話せば「お礼のご祈祷」というのをしてくれますし、商売や事業で利益があったのなら、応分の喜捨《きしゃ》や仏具などの奉納をされてもいいでしょう。気持ちにしたがって、応分のお礼をしてください。

ただし、日常的なご加護に対しては、必ずしもそのようなことまでは必要ないでしょう。お寺に参拝の折《おり》にお菓子、お酒など、聖天さまの好物を持参されるのはとても良いことだと思います。

ご利益《りやく》は人に話すべきか

大きなご利益を頂いてうれしい限りです。聖天さまのご利益は、もらったら人に話せといいますが、話すなという人もいます。どちらが正しいのですか？

これは注意したい大事なことです。『聖天和讃《わさん》』にも、「秘めて演《の》べずばこの尊の　尊き教えに悖《もと》るなり」とまでいいます。布教の上からも、そういうことはあえて周囲に話してもらいたいとお寺側《がわ》でも思うことかもしれませんが、それがむつかしいところです。

人間のサガというもので、ご利益の感謝の話が、いつの間にか自慢話になったり、自分の手柄話のようになってしまうことが往々にしてあります。そうなっては聖天さまへの感謝がまったく見えない話になります。

私の師匠の寺である大福生寺《だいふくしょうじ》でも、私の小僧時代に、「ご利益に感謝する集い」を年末にしていましたが、いつの間にか自慢大会になり、それを師匠がみて「自慢だけで感謝がみえない人が多い。このようなことでは、かえって不敬である」という理由でやめになりました。

これはというご利益については、聖天さまやお寺にも、もちろん報告し、お礼のご祈祷や奉納もして然るべきですが、私の考えですが、無暗に人に話すのは関心しません。

また、信仰の話というのは、誰彼《だれかれ》なく話して理解されるものとは限りません。かえって「馬鹿馬鹿しい。あなたは迷信深いんですね」などといわれて腹を立てるくらいなら、口にしないことを原則とすべきでしょう。

聖天供《く》を一万座《ざ》以上修された、ある大徳《だいとく》(高僧)のお言葉に、「口数多き人は聖天さまには相応《そうおう》しない(ふさわしくない)」というのがあります。

稲荷《いなり》信仰から聖天信仰へ変わってよいか

お稲荷さまを長らく拝んできましたが、聖天さまのほうがご利益が確かであると聞いたので、今までのお稲荷さまの信仰をやめて、聖天信者になろうと思っていますが、いけないことでしょうか？

お稲荷さまを拝んで、まったくご加護らしきものが得られなかったのなら、ご縁が結ばれていないのかもしれませんから、稲荷信仰をやめて聖天信仰をされることもいいかもしれません。

しかしながら、もう長らく拝んできて、ご加護もあったけど、より以上のご利益が欲しいのでお稲荷さまの信仰はやめる……というのであるなら、それはあまりに功利的であさましい考えです。そのような、まったく欲得《よくとく》だけの感謝を知らぬ信仰には、聖天さまも感応《かんのう》しないでしょう。

また、神仏は縁によって加護を垂《た》れる存在ですから、縁がある方なら何さまによらず聖天さまでなくても十分にご加護は頂けるはずです。

どうしても拝みたいのなら、従来のお稲荷さまの信仰は捨てずにそのまま大事にし、加えて聖天信仰をするならば、別段問題ないと思います。

好きな人を振り向かせたい

実は好きな人がいて密《ひそ》かに思っていますが、聖天さまに祈れば自分に振り向かすことはできますか？


好きな人との交際を目的に祈ること自体は、悪いことではないでしょう。

でも、そういうものは縁のものですので、祈ったら、お祈りの結果は聖天さまにお任せするべきです。お祈りの結果には、聖天さまのご意見も反映されているからです。

また、祈るだけでは人の心を長くは留めておけません。密教には、「鉤召《こうちょう》祈祷」というのがあります。フックで引っ掛けるように相手の心を振り向かすという祈祷ですが、これもそういう「きっかけ」をつくるという意味でしかありません。

そこに何か術によって、ずっと相手を自分のために束縛《そくばく》しておくような方法を期待することはなりません。そんなことは断じて不可能です。

人の心を本当につなぎとめるのは、人間としての真の魅力以外ないのです。

大事なことは、相手が振り向いてくれることだけを期待するのではなく、自分からもアプローチするべきということです。自分はアプローチしないが、相手のほうからこちらを勝手に好きになってほしいなどという、横着《おうちゃく》な望みは問題外です。

祈りには、何事も、必要な行動の実行が伴わなければいけないのです。

そして祈る以上は、ダメだった時は、それが聖天さまがあなたのために出した結論なのですから、未練や執着心は捨てて、さっぱりとあきらめて、前向きになるべきです。

お見合い相手と結婚すべきか

良縁《りょうえん》祈願をしていただいたら、お見合い話がありましたが、あまり気に入った人ではありません。お告げだと思って結婚すべきですか？

結婚するのはあなたであり、聖天さまではありませんから、気にいらないならやめてもいいでしょう。

でも、自分にふさわしい相手が、あなたの思うような理想そのものとは限りません。

「似たもの夫婦」という言葉があります。自分と同じ因縁を持った人としか出会いません。夫婦とは、そこからスタートして二人で人生をつくりあげていくものですから、必ずしもはじめからすべてが整ったものではないでしょう。

十一面観音《じゅういちめんかんのん》や歓喜童子《かんぎどうじ》の尊像《そんぞう》について

聖天さまの代わりに、十一面観音や歓喜童子の尊像を祀っていいと聞きました。どのようにお迎えしたらいいでしょうか？


これは基本的に、よほど強い信仰があってのことです。長いあいだ信仰を続けたその末のこと、そういう気持ちになれば……というのが望ましいあり方です。

ご利益ほしさだけで軽軽《けいけい》と尊像を祀ることは、やめておいたほうが良いでしょう。

心願のためなら、お札が一番いいのです。お札は、聖天さまのご誓願のうちから、その祈願に必要な徳分《とくぶん》を祈りこまれた存在です。

これに対して尊像はあらゆる誓願《せいがん》を具備《ぐび》していますから、その尊像を祀る家は仏さまの住む家としてふさわしいように、家人の身も心も常に清浄《しょうじょう》でなくてはいけません。いわば環境もお寺のような感じになってこそ、尊像を祀るにふさわしいのです。ただただ祈願成就のためのみに尊像を祀るというのは、間違ったおこないです。

尊像さえ祀ればよくなると考えるのは、仏法ではなく、単なる愚かな呪物《じゅぶつ》崇拝です。

ちなみに、家に尊像を祀って、その尊像があるからもうお寺に行かなくていいという人がたまにいますが、それは浅はかな考えです。自分はその尊像を正式に供養できる行者ではないのです。お寺と尊像がリンクしていてこそ正しく働かれるのですから、ますますお寺に足を運びご縁を強めないとなりません。いわばあくまでお寺のご本尊のご分霊であり、独立した別個の存在ではないのです。

ガネーシャ像について

インドのガネーシャ像を聖天さまとして拝んでもいいでしょうか？

ガネーシャ神は、歴史的には、もちろん聖天さまの原型です。

ただし、インドのガネーシャ神は、あくまでヒンドゥー教の神さまですから、信仰の上では仏教の聖天さまとは別な存在です。

ガネーシャはガネーシャ、聖天さまは聖天さまです。そこは混同しないほうがいいでしょう。

生理中のお参りについて

女性は生理の時、お寺参りを遠慮したほうがいいといいますが、どうしてでしょう？


古来、「赤不浄《あかふじょう》」という言葉があり、流血ということを諸天《しょてん》は嫌うからです。

血自体以上に、血のにおいを嗅《か》ぎつけて多くの魔類が集まるので、それがよろしくないともいいます。

また、生理でイライラしていること自体がお参りにふさわしくないと、ある女性行者さんが、女性の立場から教えてくれました。

生理中のお参りは、不浄除《よ》けのお守りを持つか、烏枢瑟摩《うすしま》明王《みょうおう》（烏枢沙摩《うすさま》明王）の「オン・クロダナ・ウンジャク」という真言をお唱えしていくといいでしょう。

このようなことをいうと、よく「女性差別だ」といって批判する人もいますが、生理自体は人間が生まれる仕組みの一環ですから非常に尊いもの、大切なものです。そもそも生理にかかわらず人間の性自体がこの上なく尊いものですが、信仰には信仰のあり方というものが存在します。生理があるから女性自体が不浄などということをいっているわけではありません。

そのような宗教的なことと社会的なテーマを混同してとやかくいうこと自体が、的《まと》はずれの考えだと思います。

聖天さまのお寺と葬儀

うちには菩提寺がないので、日頃長らく信仰している聖天さまのお寺に自分が死んだ時のお葬式を頼みましたが、断られました。寺院でありながら、なぜお葬式はしてもらえないのですか？

そのお寺に限らず、聖天さまのご祈祷一筋のお寺は、昔から葬式はしないものとされているからです。

しかし、現代では聖天さまのお寺でも、お葬式をしてくれるところはあるようです。また、もともと葬儀をするお寺でも、鎮守《ちんじゅ》として聖天堂があるお寺もあります。

でも、聖天浴油供は通常七日間するもので、浴油供の最中に葬儀を頼まれても引き受けることはできないので、聖天さまを祀るお寺では、基本的に最初からお葬式はお断りしているようです。また、聖天さまはじめ諸天信仰は長らく日本の神観念《かみ》の中で継承されてきました。聖天さまのほかにも弁財天やダキニ天などのお寺には、神社のように鳥居《とりい》があります。そのように日本における諸天信仰には神道《しんとう》的な考えが流れており、神道の「穢《けが》れ」を嫌う習慣もまた付随しています。

穢れとは、言霊《ことだま》的には「気涸《けが》れ」であり、流血にしても死にしても、生命のエネルギーである「気」が涸《か》れることを意味します。気が涸れる極みが「死」です。

神道的解釈では、神々は、生命エネルギーの気そのものといっていいので、これを嫌うとされます。

前述の女性の生理の話も同じですが、こういうものは強固な「集合無意識」に裏打ちされていますから、理屈の上で構わないからといって、必ずしもそういうものを無視していいとはいえません。

忌中《きちゅう》の過ごし方について

忌中には、聖天さまのお寺へのお参りや自宅でのお勤めを遠慮すべきと聞きましたが、そうなのでしょうか？

ご家族が亡くなられてから四十九日《しじゅうくにち》の忌明《きあ》け法要《ほうよう》までは、聖天さまのお寺へのお参りや自宅でのお勤めを遠慮します。これは前述のように、神道的観念があるからです。

一説には、忌服《きぶく》の期間は、次のようにされているようです。

両親……………七七日《しちしちにち》（七×七＝四十九日）
夫婦……………三七日《さんしちにち》（三×七＝二十一日）
伯父母…………三七日（三×七＝二十一日）
兄弟姉妹………十二日
合火《あいび》……………七日

「合火」とは、忌中の家の火を炊事に使わぬことをいいます。しかし、これはかまどで炊事した時代の話ですので、今は無視してよいでしょう。

ちなみに、かまどは荒神《こうじん》さま（三宝荒神《さんぽうこうじん》）であり、これも不浄を嫌う神さまです。昔はやはり忌中にはかまどに触れなかったとみえます。

これは昔の例なので子供の忌日がありませんが、同じ家に住む肉親なら四十九日が正しいでしょう。

なお、最近では知らない人もいますが、忌中には、聖天さまだけでなく、自宅の神棚《かみだな》も当然、拝みません。神棚に白い紙を下げて覆《おお》うこともあります。そのあいだはお供物などもあげなくてかまわないのです。

忌中には、外でも、神社に参詣しませんし、お寺に行く場合も聖天さまやお稲荷さまなどの鎮守さまの鳥居をくぐってはいけません。

ただし、そのあいだも何か祈願があれば、聖天さまのお寺に連絡して祈ってもらうことは可能でしょう。その場合は、お札を忌明けまで、お寺で預かっていただくことになります。

なお、忌中でも、ご自宅で聖天さまの真言の代わりに十一面観音の真言をお唱えすることは、差し支えありません。

先代の聖天信仰について

先代が熱心に聖天さまを信仰していましたが、亡くなりました。あとはどのようにすべきですか？

ご自分は信仰しないというなら、信仰していたお寺がわかればそこに相談するのが一番いいでしょう。

わからないなら、聖天さまの祈願専門の寺院に、そうした相談ができるかを尋ねてみることです。でも、聖天さまのご縁というのは、なかなかいただけない尊いものですから、それを大事にして累代《るいだい》で信仰されるのなら、それくらい望ましいことはありません。亡くなったご先代への何よりの供養でもあります。

なお、古い商家《しょうか》などで、聖天さまの尊像が代々祀られていることがありますが、聖天さまの尊像のお祀りは、在家信者の方には難しい場合があります。もし、尊像を粗末に扱ってしまっているのでは……と不安に思われたなら、その尊像をお寺にお返し（お寺に預かってもらう）することも相談してみたらどうでしょう。

そして尊像をお返ししても、聖天信仰はもちろんそのまま続けていいのです。子孫が聖天信仰を続けられることを、ご先祖方も喜ばれるでしょう。

夫が信仰を尊重してくれない

主人は無神論者です。宗教とか信仰といったものが大嫌いで、私が頂いてきたお札などを勝手に捨ててしまいます。とても罰《ばち》当《あ》たりだし、私の聖天信仰を尊重してくれないのが辛いです。主人にわからないように秘密に信仰するべきなのでしょうか？


あなたの信仰は、あなたの信仰です。人に迷惑をかけたり、ご主人に信仰を強要するのでなければ、あなたが聖天さまを信仰することは自由なはずではないですか？

聖天信仰は、歴史ある仏教の信仰です。やましい信仰ではないのですから、あなた自身、秘密などにせず、そこのところをはっきりすべきです。

自分自身がこそこそしていては、人は納得しません。

また、人が受けてきたお札を勝手に捨てるようなことは、許されることではありません。これは信仰の是非《ぜひ》云々《うんぬん》というより、人間の尊厳の問題です。

前時代的に、夫だからといってそのようなことまでされる理由は何もありません。まず、毅然《きぜん》とした態度で話し合うのが大事です。

また、お札が粗末になることを心配するなら、必ずしもお札を受けなくてこなくても、お寺の方角に向かってお祈りするということもできます。お寺に事情を話せば、お札をつくってもお寺で預かってくれるのではないでしょうか。

問　家の宗派と聖天信仰

うちは菩提寺が、聖天さまの信仰とはまったく関係ない宗派です。家の宗派の信仰にない聖天さまなど信仰しては先祖に申し訳ない、などという方もいます。家の宗派が違うと聖天さまを信仰してはいけないでしょうか？

各家の宗派というのは、もともと江戸幕府によって戸籍《こせき》代わりに決められた、「檀家《だんか》制度」にもとづくものです。しかし今、江戸時代はとっくに終わっており、幕府もありません。

檀家制度による家の宗派というのは、今日では本当の意味での信仰というより、いってみれば先祖や故人の遺風《いふう》を尊ぶ家ごとの習俗、風習というべきでしょう。

だからといって聖天信仰をするのにわざわざ菩提寺の宗派を変える必要はありませんし、菩提寺とのつきあいも大事にしていくべきだと思いますが、逆に家の宗派が違うというので個人的レベルの信仰のことまで是非をいうのは、まったくおかしなことです。

個人の信仰の自由は、憲法でもはっきり保障されているのですから。

江戸時代、大阪の「能勢《のせ》の妙見《みょうけん》さま」が大いに信仰を集めたとき、「能勢の一代法華《いちだいぼっけ》」というのが流行《はや》りました。能勢の妙見さまは星の神さまですが、法華信仰（日蓮宗《にちれんしゅう》信仰）で祀られており、お参りする時はお題目《だいもく》「南無妙法蓮華経《なむみょうほうれんげきょう》」を唱えます。

ですから、お題目を唱えない宗派の檀家は、この能勢の妙見さまをお参りするために、わざわざ一代だけ（自分の代だけ）法華信者（日蓮宗信者）を自称したといいます。「宗旨人別帖《しゅうしにんべつちょう》」によってガチガチに家の宗派が決められていた江戸時代でさえ、このくらいの柔軟性はあったのです。

お家の宗派はお家の宗派として、そこはご自分も「一代の聖天信仰」と思えばいいのではないでしょうか？

断《た》ち物《もの》を取り消したい

「断ち物」を取り消ししたいのですが、良い方法はないのでしょうか？

古来、その方法がないということになっています（本書第五章参照）。

だからこそ、慎重にすべきことなのです。

ただ、私個人として思うには、可能性としては、軍荼利《ぐんだり》明王《みょうおう》に祈願するほかないでしょうね。

軍荼利明王は、聖天信仰の「お目付け役」です。断ち物信仰を喜ぶのは聖天さまではなく常《じょう》随《ずい》魔《ま》ビナヤキャですが、そのビナヤキャがもっとも恐れる存在が軍荼利明王です。

ちなみに軍荼利明王の真言は、「オン・キリキリバサラ・ウンハッタ」といいます。

しかしながら、軍荼利明王のご祈祷をしている寺院は非常に少なく、また軍荼利明王が祀ってあってもご祈祷をしてくれるとは限りませんので、通常は自分で信仰するしかありません。

軍荼利明王は単独の明王としてではなく、不動明王を中心とした五大明王《ごだいみょうおう》の一尊として祀るところが圧倒的に多いようですから、そういうお寺に参って五大明王のお札を受けてきてもいいでしょう。ただし、尊像などをいたずらに自宅に祀らないことが大事です。

しかし、生涯の断ち物をあえて切るのですから、軍荼利明王は一代の間は信仰していくべきでしょう。

ただしこれは、心願が叶っていない段階での話です。

心願は叶ったのに断ち物はやめたいというのはただの約束不履行《ふりこう》ですので、願《がん》ほどきは一切できません。

また、心願が叶うまで断ち物をするといった場合には、心願がなった暁には願は自然にほどけますので、願ほどきは無用の心配です。

引き寄せの法則と聖天信仰

「引き寄せの法則」というのがありますが、聖天信仰も本当のところはその類《たぐい》ではないのですか？

「引き寄せの法則」というのは、似たようなものが昔からたくさんあるようです。

たとえば、「私は成功する」というように、自分自身に繰り返しいいきかすようなものでしょう。でも、それで確かに成功している人も多いけど、実はうまくいかなかった人はその何倍も多いのではないでしょうか？

そんな率の悪いものと聖天さまとは違います。

どの点で、あなたが聖天信仰を「引き寄せの法則」と同じと思うのか私にはわかりませんが、一番の違いをいうなら、聖天信仰は疑っても叶うものは叶います。あなたがどう思うかは一切関係ありません。

今はやりの最新の脳科学なども、一切関係ないと思います。

そんなものの影も形もない大昔から、聖天さまは人々の願いを叶える究極の神として、また仏として、信仰されてきたのです。

叶うかどうかの結果は疑ってもまったくかまわないけど、聖天さまを受け入れればそれでいいのです。

神仏を信じるというのは、そういうことです。「引き寄せ」のように、祈願の結果が絶対に良いと信じるという意味ではないのです。

ですから、心をより向けるべきは、祈願より聖天さまそのもののほうなのです。

ここがもっとも大事な点です。

そもそも信仰はそれ自体が目的であり、なにかの手段ではないのです。

信仰を手段のように思う人は、霊験《れいげん》が薄いでしょう。

ただし、聖天信仰においては、「引き寄せの法則」のように繰り返し祈願内容を口にしたり、書いたりする必要はありませんが、祈願内容があやふやでは聖天さまに届きません。

祈願内容を、たった一度でいいですから、はっきり明確に口に出してお願いすべきです。

あるいは本書第七章で紹介したように、聖天さまにお手紙を書くのもいいでしょう。

聖天信仰では、何度も何度も同じことをしつこくいうのは、かえって不信の表れになる場合すらあります。

聖天さまは、この世の秘密のシステムや法則などではなく、あくまで生きた尊天として接するべきです。

おわりに

近年、聖天さまに対する関心が強まっているようです。世の中が混迷する時に、やはり人が求めるのは、確かな手ごたえのある信仰でしょう。皆さんが本書を取られた理由の一つもそれではないでしょうか。

私自身も若いうちから「神仏は実在である」という考えで人生を出発しました。仏教を哲学的にとらえ納得するなどというのは二の次、三の次でした。今でもその考えにいささかも変わりはありません。

私は、現実の力にならないただの知的遊びのような宗教には、何の興味もありません。そういう意味では今までの人生で仏教学者といわれる方々の書物からは多くの得難《えがた》い歴史や思想的知識を頂《いただ》きはしましたが、信仰に直《じか》に光が当たるヒントはほとんど得られなかった経験があります。

書籍の論調が時として肝心の神仏が不在で、しかも仏教の必要性だけを強調するという非常に矛盾に満ちたものだったからです。

むしろ、ダイレクトに昔の仏教者の書いたものや原典に触れたり、また宗教社会学や民俗学、心理的カウンセリングやセラピー、さらには動物学といった分野の読み物やワークからずっと多くの深く心にしみるもの、信仰の上での大きなヒントを頂いてきました。

また、なにより師匠の故・白戸快昇《しらとかいしょう》師をはじめ、同じ密教の祈願に志《こころざし》を持つ大徳《だいとく》各位のご指導や多くの法友《ほうゆう》の助言に恵まれたことも私の最大の幸運であります。

思うにこれらは机上の学問ではなく、すべて実践的に事象《じしょう》そのものを扱う世界のものだからなのでしょう。

実は私の聖天信仰は、多分にこういう仏教学とはまた少し別な分野からも培《つちか》われ錬成《れんせい》されてきたように思います。だとするなら、それができたのも何よりも私が、まず一人の信者であり続けようと考えたからではないかと思います。

今でも行者や宗教的指導者というより、本質的には一介の信者でありますし、そうあり続けることこそが大切なのだと思っています。

信ずる者としてのあり方を問い、時としては疑いや迷いをも持つことをもいとわない。

それは突き詰めれば宗教には、「する側《がわ》」と「させる側」という区別がないのが本来だと思うからです。

最後に、皆さまが力強い聖天さまのご縁を頂いて、さらに有意義な人生を送られますよう心よりお祈り申し上げて筆をおきます。

なお、私の信仰の母山《ぼざん》であり本書でも何度も触れさせていただいた大井《おおい》聖天「大福生寺《だいふくしょうじ》」、および拙寺《せつじ》「金翅鳥院《こんじちょういん》」におきましては、聖天さまのご祈祷は、ともに所属の信徒さまのみを対象としておりますので、一般の方からのご依頼は、これをお受けしておりません。

ご承知おきくださいませ。

合掌

平成二十九年 三月 吉日

羽田 守快

羽田 守快（はねだ・しゅかい）

1957年（昭和32年）、東京都に生まれる。駒澤大学文学部心理学コース卒。学生時代より修験道、密教の門をたたき今日に至る。現在、総本山園城寺学問所員、天台寺門宗「金翅鳥院」住職。密教祈祷、密教占星術、心理セラピーなどを融合して信徒の育成に当たっている。
著書に『般若心経を知りたい』『密教占星術大全』（以上・学研）、『近世修験道文書』（共著・柏書房）、『修験道修行入門』『修験道秘経入門』（以上・原書房）、『秘密瑜伽占星法』『天部信仰読本』（以上・青山社）、『あなたを幸せにみちびく観音さま』『読むだけで不動明王から力をもらえる本』『あなたを必ず守ってくれる 地球のほとけ お地蔵さま』『あなたの人生を変える 龍神さまの《ご利益》がわかる本』（以上・大法輪閣）など多数。

著者ブログ：https://blogs.yahoo.co.jp/hukurousennninn

あなたの願《ねが》いを叶《かな》える　最強《さいきょう》の守護神《しゅごしん》　聖天《しょうでん》さま

2017年 4月14日　初版第1刷発行
2023年 3月31日　初版第5刷発行

著　者　羽田守快
発行人　石原俊道
印　刷　亜細亜印刷株式会社
製　本　東京美術紙工
発行所　有限会社 大法輪閣
〒150-0022 東京都渋谷区恵比寿南 2-16-6-202
TEL（03）5724-3375（代表）
振替　00160-9-487196番
http://www.daihorin-kaku.com

ISBN978-4-8046-1394-9　C0015